LE LIVRE DE LA MAISON AUTOUR D'IKEA

LE LIVRE DE LA MAISON
AUTOUR D'IKEA

ANOOP PARIKH

ÉDITIONS DE LA MARTINIÈRE

Publié pour la première fois
en Grande-Bretagne en 1995
par George Weidenfeld & Nicolson Ltd
Orion House
5 Upper St Martin's Lane
Londres WC2H 9EA

Titre original : *The book of home design using IKEA home furnishings* par Anoop Parikh.

Traduction française : Ghislaine Tamisier-Roux
Christian-Martin Diebold

Ouvrage réalisé avec la collaboration
de Carole Hardouin

Ce livre est imprimé sur papier basique obtenu à partir du bois provenant de forêts durables.

À Danny, qui m'a ouvert la voie

Direction de la Rédaction :
JOANNA COPESTICK
Direction artistique : MERYL LLOYD
Choix des photographies : NADINE BAZAR
Illustrations : PAUL BRYANT
Typographie : IAN MUGGERIDGE

Photographies : TREVOR RICHARDS
Stylisme : ANOOP PARIKH
Assistée de FIONA CRAIG-McFEELY

REMARQUE

Tous les meubles et accessoires présentés dans ce livre ne sont pas en vente chez IKEA. Ceux qui le sont ne sont pas nécessairement disponibles dans les magasins IKEA à tout moment. En page 200 figure la liste des pays dans lesquels vous trouverez des magasins IKEA.

SOMMAIRE

WE OFFER THE FUTURE
BUCHAREST
BRATISLAVA
MOSCOW
PRAGUE
BUDAPEST
VIENNA
WARSAW
SOFIA
BELGRADE
LJUBLJANA
TALLINN
LENINGRAD
Market Unit Eastern Europe, Älmhult 9–13.9. 1991
IKEA

ANAIS NIN-DAGBOK 4
BY FLOWER AND DEAN STREET

CARIBBEAN
Mexico

PRÉFACE

Ce livre de décoration intérieure a pour objectif de démontrer, une fois pour toutes, que l'on peut vivre dans le confort et l'élégance avec un budget limité. Que vous décoriez votre premier appartement, que vous l'adaptiez aux nouveaux critères d'une famille qui s'agrandit ou que vous soyez simplement à la recherche d'idées nouvelles, ce livre vous apprendra à analyser vos besoins et à établir vos priorités. C'est une mine de renseignements qui vous donnera les informations nécessaires pour aménager des espaces accueillants, chaleureux, pratiques, harmonieux et respectueux de l'environnement en tout point de votre habitation.

J'ai été enchantée de la collaboration d'IKEA pour la préparation de ce livre. J'admire depuis longtemps ces spécialistes qui savent mettre à la portée de toutes les bourses des produits simples et bien conçus. IKEA est le seul magasin de décoration intérieure du monde qui donne à tous les moyens de créer leur propre style. C'est une entreprise tournée vers l'avenir, qui s'efforce d'anticiper nos besoins et habitudes de demain, sans oublier pour autant la tradition suédoise, synonyme de confort, d'esprit pratique, d'harmonie et de bons rapports qualité/prix, dans laquelle elle s'inscrit depuis toujours.

Ce livre va enfin établir, du moins je l'espère, que le « bon style » n'existe pas. Il aspire plutôt à vous montrer comment reconnaître et comprendre toutes les options qui s'offrent à vous à chacun des stades de l'aménagement d'un intérieur et comment choisir celle qui vous convient le mieux. Le texte se veut simple et pratique et les photographies sont une merveilleuse source d'inspiration. Je souhaitais rappeler ainsi que le but premier de la décoration intérieure n'est pas d'impressionner ses voisins et amis, mais de créer un meilleur environnement pour tous les membres de la maisonnée.

PARTIR DE ZÉRO

Il est toujours très amusant d'emménager dans une nouvelle maison, mais jamais autant que la première fois. Peu importe que vous louiez ce nouveau nid ou que vous l'achetiez, vous savez qu'il va changer votre vie. Rien de plus normal que de vouloir afficher par sa décoration qu'il est à vous, et bien à vous !

Si votre budget est limité, l'une des façons les plus simples de commencer est de rafraîchir rapidement toutes les pièces pour que chacune ait un fond neutre ou uni. Vous pouvez par exemple passer une couche de peinture sur le papier peint du salon et recouvrir les fauteuils dont vous avez hérité avec des draps blancs pour mettre vos objets préférés en vedette.

Une autre attitude consiste à s'habituer à l'endroit, à s'en imprégner, avant de prendre une quelconque décision fondamentale. Si vous êtes plutôt séduit par cette formule, prenez le temps de voir si la forme d'une pièce vous donne des indices sur la façon de l'aménager. Quoi qu'il en soit, il est important de mettre en valeur les points forts de la pièce, qu'il s'agisse de fenêtres ou d'une jolie cheminée, et de tirer le meilleur parti possible de ses points faibles, au lieu de nier leur existence. Les détails inesthétiques ne vont pas disparaître d'un coup de baguette magique. À vous donc de les dissimuler ou de les déguiser astucieusement !

Une fois satisfait du fond, il vous sera plus facile de déterminer vos besoins en matière de mobilier et d'accessoires. Certains éléments de base sont indispensables dans toute habitation : un bon lit ; de quoi s'asseoir (qu'il s'agisse de quelques poufs ou d'un canapé) ; un endroit pour ranger et suspendre les vêtements ; une table et un siège si l'on travaille à la maison, et des étagères, des placards, des caisses ou des boîtes pour placer le reste.

Vous serez inévitablement obligé de trouver des solutions pour donner une certaine harmonie à des groupes d'éléments plutôt disparates. Une bonne recette consiste à leur donner un thème commun, en les peignant de la même couleur par exemple, ou en les recouvrant de tissus assortis. Vous pouvez aussi distraire le regard d'une façon ou d'une autre : en peignant les murs d'une pièce de couleur vive, vous déviez l'attention et faites oublier que le mobilier est hétéroclite.

SIMPLICITÉ ET HARMONIE

S'il s'agit de votre premier appartement, essayez avant tout de tirer parti de ce que vous avez, et de meubler votre intérieur en pensant à l'avenir. Ici, les tissus rayés qui recouvrent des meubles un peu fatigués créent un lien visuel entre le salon et le coin repas. De solides étagères et des paniers sont des rangements bon marché mais efficaces. La commode qui se trouve dans le fond est pour sa part un bon investissement, car on en profitera pendant de longues années.

Utilisation et Aménagement de l'Espace

Avant d'imaginer comment vous allez redécorer votre intérieur, regardez attentivement la façon dont vous et votre famille l'utilisez. Votre style de vie a pu changer ces dernières années : l'un des membres de la famille a peut-être décidé de travailler à la maison, les enfants qui ont grandi laissent traîner leurs affaires dans toutes les pièces. Si la disposition et l'aménagement de votre logement ne conviennent plus, si ce qui était autrefois une confortable salle de séjour est aujourd'hui encombré de jouets et de matériel informatique, il est probable que tout le monde le fuit et que le centre de la vie familiale se déplace.

Même si cela donne l'impression d'employer les grands moyens, changer la disposition d'une maison est parfois la seule solution. Pour ce faire, vous serez peut-être obligé d'abattre ou de déplacer une cloison, d'agrandir une ouverture (porte ou fenêtre), de créer des niveaux supplémentaires, de construire une pièce de plus ou d'aménager des espaces sous-utilisés (greniers ou sous-sols). Ces travaux occasionnent souvent une gêne passagère mais ne sont pas nécessairement coûteux, notamment si vous ne touchez pas aux structures porteuses.

Néanmoins, pour reconquérir l'espace, il suffit parfois de réorganiser sa maison, sans entreprendre pour cela de gros travaux. Cette réorganisation est d'une facilité surprenante si vous n'êtes pas obligé de déplacer des conduites d'eau ou autres lignes et tuyauteries. Vous pouvez par exemple donner à deux enfants une grande chambre, qu'ils partageront, plutôt qu'à chacun une petite. Vous faites ainsi d'une pierre deux coups : les enfants ont plus de place pour jouer et vous libérez une pièce qui pourra vous servir de bureau ou de dressing. Autre exemple : l'étage étant généralement plus calme, on y installe systématiquement des chambres. Or, il est également plus clair, et s'il est mansardé et équipé de lucarnes, il reçoit le soleil plus longtemps. N'est-il alors pas plus ingénieux d'y aménager un bureau ou un salon ?

Demandez-vous enfin si vous ne surchargez pas certaines pièces. Êtes-vous par exemple vraiment obligé de stocker les vêtements dans une chambre, ou pouvez-vous aménager un dressing sur le palier voisin ? Vous auriez ainsi une chambre à coucher plus agréable.

ÊTRE À LA HAUTEUR DE SES IDÉAUX *(ci-dessus)*

Dans les habitations à hauts plafonds, une grande partie de la place perdue se trouve au-dessus de votre tête. Si vous installez le lit sur une mezzanine et aménagez un coin bureau au-dessous, plusieurs activités peuvent se dérouler simultanément dans la même pièce. En outre, ce grand espace devient plus douillet.

DES LIENS VITAUX *(à droite)*

Ce n'est pas seulement la taille d'un espace qui importe : sa qualité aussi est essentielle. Voici un couloir qui a été traité avec autant d'attention que les pièces auxquelles il aboutit. Résultat : toute la maison en est plus accueillante et paraît plus grande.

Un Intérieur Respectueux de la Nature

COULEURS NATURELLES *(ci-dessus)*

Si certaines matières naturelles sont assez jolies pour être laissées telles quelles, d'autres auront davantage de charme si vous les décorez, en particulier si la pièce est sobrement meublée comme cette entrée. Les pigments des peintures naturelles, souvent d'origine végétale, permettent d'obtenir toute une gamme de nuances très subtiles.

THÉRAPIE ORIENTALE *(à droite)*

Les intérieurs japonais traditionnels sont une mine d'inspiration pour tous ceux qui souhaitent faire de leur maison un lieu paisible. Ici, un futon, des tatamis, des stores et des abat-jour en papier permettent de recréer une ambiance orientale dans une chambre à coucher.

Voici quelques principes fondamentaux pour aménager un intérieur sain et respectueux de l'environnement : utilisez dans la mesure du possible des matières naturelles, en vous assurant bien sûr qu'elles proviennent de sources durables ; aménagez et meublez votre maison de façon à tirer le meilleur parti possible de la lumière naturelle ; économisez de l'énergie en isolant votre habitation ; employez des appareils électroménagers, un chauffage et des éclairages à haut rendement énergétique, et utilisez votre voiture le moins possible ; réduisez au maximum la poussière, les produits chimiques et autres allergènes ; limitez enfin les déchets en recyclant et en réutilisant le plus de choses possible.

Il est de plus en plus facile d'acheter des meubles jolis et écologiques. Ils sont généralement en bois, une matière renouvelable qui contribue peu à l'effet de serre. Les bois tendres provenant d'arbres à croissance rapide comme le pin et l'épicéa sont les plus courants, suivis des bois durs comme le hêtre et le chêne.

Le choix est moins vaste pour les tissus d'ameublement écologiques. Optez pour du coton cultivé sans pesticide et non blanchi au chlore, ou pour du lin, de la toile de jute, de la soie ou de la laine. Vous pouvez également vérifier la nature des teintures, qui peuvent avoir été obtenues à partir de substances naturelles ou synthétiques. Réfléchissez également à la façon dont vous utilisez ces tissus : un habillage de fenêtre tout simple amasse moins de poussière que des rideaux très élaborés, avec moult fronces et festons.

En habillant vos fenêtres simplement, vous laissez en outre entrer davantage de lumière naturelle et dépendez donc moins de la lumière artificielle. D'autres astuces permettent de capturer la lumière du jour : vous pouvez créer des surfaces réfléchissantes à l'extérieur de vos fenêtres, à l'aide d'une peinture ou d'un pavage de couleur claire par exemple ou en aménageant un bassin ; vous pouvez aussi éloigner les gros meubles des fenêtres, et faire rebondir la lumière à l'intérieur de la pièce avec des accessoires de teinte pâle.

Parmi les matériaux de décoration dits « écologiques », citons les peintures naturelles, qui sont fabriquées à partir d'huile de lin, de résines d'arbre, de craie et d'agrumes. Les peintures synthétiques contiennent pour leur part des produits chimiques dérivés du pétrole et des matières plastiques, qui peuvent dégager des vapeurs toxiques.

Au lieu de peindre les murs, vous pouvez aussi les recouvrir de papier peint produit à partir de papier recyclé, ou les tendre de toile de jute. Vous pouvez également colorer vos meubles avec des vernis fabriqués à partir de cire d'abeille et de gomme-laque, ou de teintures obtenues à partir d'extraits de plantes ou de minéraux et de liants naturels.

Le bois est le revêtement de sol écologique par excellence, mais il en existe d'autres : les tapis de laine ou de coton ; le coco ou le sisal ; les dalles de liège ou les linoléums à base de liège.

Pour réduire la quantité de produits chimiques toxiques dans votre maison, vous devez aussi prêter attention aux détergents, cirages, désodorisants et produits de toilette que vous utilisez. Une cuisine ou une salle de bains standard renferme une quantité astronomique de produits chimiques, dont des formaldéhydes, des phosphates, des phénols, des cétones, de l'ammoniaque et du chlore. Tous polluent l'environnement de façon notoire et sont très irritants, voire toxiques si on les avale. Soyez donc très prudent dans la façon de les manipuler, de les stocker et de les jeter, et choisissez des produits biodégradables et sans phosphates.

Mieux encore : trouvez vos propres produits d'entretien écologiques ! Utilisez le borax comme poudre à récurer et détachant, le jus de citron pour détartrer cafetières et pommes de douche, le vinaigre blanc comme désinfectant, la cire d'abeille pour cirer vos meubles, quelques gouttes d'huile essentielle brûlées dans un vaporisateur pour parfumer la maison...

Cherchez enfin à générer le moins de déchets possible. N'achetez pas de produits suremballés et choisissez ceux dont l'emballage est réutilisable, comme les pots et les bouteilles en verre. Réutilisez les matériaux comme le papier, le bois et les textiles chaque fois que vous le pouvez. Recyclez les déchets qui ne peuvent être facilement réutilisés tels quels : le verre, le papier, les boîtes de conserve, certains plastiques, les textiles, les déchets organiques et les matériaux de construction sont tous recyclables dans la mesure où vous les stockez séparément. Quant aux déchets dangereux, ne les jetez pas n'importe où.

AMERICAN INDIAN
MYTHS AND LEGENDS

La Sobriété Scandinave

LUMIÈRE BLANCHE

Pour les Scandinaves, il est tout naturel de mélanger le moderne et l'ancien. Comme ici, où les chaises « Butterfly » du designer danois Arne Jacobsen *(à gauche)*, qui datent pourtant des années 1950, sont parfaitement à leur place dans une salle à manger entièrement blanche, aux murs couverts de lambris traditionnels.

Le défi que doivent relever bon nombre de familles aujourd'hui consiste à loger une quantité toujours croissante d'équipements vidéo, stéréo et autres biens personnels sans négliger pour autant le confort et sans renoncer à la sobriété de l'ameublement *(à droite)*.

Depuis le XVIIIe siècle, les intérieurs suédois présentent trois caractéristiques : la simplicité, un amour immodéré de la lumière, et l'utilisation de matières naturelles. La rigueur du climat et l'immense étendue de la forêt ont vraiment rendu la vie difficile aux Scandinaves jusqu'à la révolution industrielle qui se produisit vers 1850. Pourtant, si à l'intérieur des maisons la plupart des surfaces étaient brutes ou décorées très sobrement, le résultat était loin d'être austère.

Un bon aménagement intérieur était en effet déjà perçu comme une façon d'améliorer le niveau de vie de chacun. Les produits employés étaient d'une utilisation et d'un entretien faciles, hygiéniques, agréables à regarder et disponibles en grandes quantités. Même pendant les années 1920 et 1930, alors que l'esthétique constructiviste et rationaliste lancée par le Bauhaus, qui accordait une place de choix au verre et à l'acier, envahissait l'Europe et l'Amérique, un grand nombre d'architectes scandinaves continuaient à prôner l'utilisation des matières naturelles comme le bois pour créer des meubles aux lignes expressives et à la personnalité bien marquée. Pour eux, les formes rectilignes et froides étaient totalement contre nature.

Lorsqu'un certain Ingvar Kamprad (le I et le K du nom de la société, le E venant de Elmtaryd, la ferme où il a grandi, et le A du nom de son village, Agunnaryd) ouvrit dans les années 1950 le premier magasin IKEA dans la petite ville d'Älmhult, dans le sud de la Suède, il avait déjà pour objectif de « proposer toute une gamme de meubles et d'accessoires bien conçus et fonctionnels à des prix suffisamment bas pour que la majorité des gens puissent les acheter ». C'est ainsi qu'avec sa ligne unique de produits, généralement en kit, emballés à plat pour faciliter le transport, IKEA est rapidement devenu le numéro 1 de l'ameublement en Suède, et une référence en matière de décoration intérieure.

CHAPITRE 1ER

PIÈCES À VIVRE

Osez le style et la couleur dans votre salle de séjour, sans pour autant sacrifier le confort ni le côté pratique.

Couvrez les murs de couleurs vives ou de tons pastel, mélangez le vieux et le neuf, le tape-à-l'œil et le sobre, le brut et le lisse. Choisissez un thème en vous inspirant d'un motif des rideaux, d'un détail des meubles, d'un de vos objets favoris ou d'un éclairage particulier, et travaillez l'esthétique en jouant sur la couleur, la texture ou la lumière.

Appréciez l'équilibre obtenu entre les divers matériaux et les différentes textures, les tissus éclatants et les touches de couleur, les murs décorés et un mobilier choisi avec soin.

Optez pour une façon de vivre décontractée et imprégnez-en votre intérieur.

Style de vie

Il y a longtemps que le salon n'est plus réservé aux grandes occasions et que sa décoration ne répond plus à un ensemble de règles strictes. On aborde aujourd'hui la vie et les loisirs de façon décontractée, si bien qu'en matière d'aménagement intérieur tout est possible.

La salle de séjour idéale doit être élégante mais fonctionnelle et agréable à utiliser en toutes circonstances, que l'on soit seul, en famille ou entre amis. Elle doit pouvoir servir à des activités très diverses, qui vont des enfants qui jouent au canapé convertible que l'on ouvre pour des amis venus passer la nuit. C'est en fait une des pièces les plus polyvalentes de la maison.

Lorsque l'on entreprend la conception d'un salon, il faut tenir compte d'une multitude d'éléments. Il ne suffit pas de trouver les bons sièges pour se sentir à l'aise. Si leur choix est certes primordial, d'autres points méritent que l'on s'y intéresse aussi. L'endroit doit être chaleureux et la lumière agréable. On doit pouvoir circuler librement autour des meubles, ressentir un certain calme et être entouré d'objets que l'on apprécie.

Un salon réussi et fonctionnel doit, en outre, apporter une solution satisfaisante à l'éternel problème du rangement ou à celui de l'exposition des éléments que l'on y trouve habituellement, tels les livres et la vaisselle, et permettre de maîtriser le désordre engendré par le travail ou les passe-temps. Dans l'idéal, la disposition de la pièce devrait permettre aux différents membres de la famille de lire, de regarder la télévision et d'écouter de la musique sans se gêner mutuellement.

L'aménagement d'une salle de séjour pratique et confortable prend du temps. Aussi nous vous proposons dans les pages qui suivent une mine de solutions qui ont déjà fait leurs preuves et qui, nous l'espérons, vont vous faciliter la tâche.

LE SUCCÈS DU NATUREL

Pour réussir une pièce accueillante et personnalisée, mieux vaut mélanger qu'assortir. Choisissez des meubles parce qu'ils vous plaisent, et pas seulement parce qu'ils vont bien ensemble. Ici, les matières naturelles aux teintes sobres s'harmonisent particulièrement bien en raison de leurs textures complémentaires.

TAPIES

L'Emplacement du Mobilier

Lorsque vous réfléchissez à l'emplacement de votre mobilier, respectez les proportions de l'espace que vous aménagez. Partez de la forme et du caractère de la pièce et tenez compte de la hauteur de plafond, de la cheminée s'il y en a une, de la taille et de l'emplacement des fenêtres. Ces éléments vous suggéreront plusieurs types de mobilier et plusieurs façons de l'installer.

Si vous considérez l'espace et son contenu comme un tout, et non pas comme un lieu dans lequel vous allez disposer toute une série d'objets, alors chaque élément semblera avoir été conçu pour cette pièce.

Un salon réussi doit réunir les couleurs, textures et styles que vous affectionnez tout particulièrement. Vous trouverez des idées en feuilletant les livres et les revues de décoration, en observant l'intérieur de vos amis, en utilisant des échantillons de tissu ou encore en mélangeant toutes ces sources d'inspiration. L'important n'est pas tant d'où vient l'idée, mais plutôt comment on l'utilise pour concevoir ou raffiner un espace. Les pièces les plus réussies ne sont pas celles qui épousent fidèlement un thème, mais celles qui évoluent petit à petit.

CERCLE DE SOCIABILITÉ *(ci-dessus)*

Si vous regroupez fauteuils et canapés autour d'une table basse, prévoyez suffisamment d'espace pour que l'on puisse étaler ses jambes, mais ne disposez pas les sièges trop loin les uns des autres pour ne pas perdre le caractère intime du coin salon.

ESPACE OUVERT *(à droite)*

La polyvalence est un élément clé de l'aménagement de l'espace. Ici, le fauteuil à roulettes, les étagères réglables et la légèreté du mobilier d'appoint séduisent par leur facilité à s'adapter à n'importe quelle situation.

L'AMÉNAGEMENT DE L'ESPACE

Quelles que soient leur taille et leur forme, toutes les salles de séjour répondent aux mêmes besoins élémentaires : c'est là qu'on s'installe pour se détendre, qu'on entrepose certains objets et qu'on passe une partie de son temps libre à se distraire en regardant la télévision, en jouant à des jeux vidéo ou en écoutant de la musique. Parfois, on y mange et on y reçoit également des amis ou de la famille.

C'est pourquoi le confort des sièges y est un « must ». Vous avez le choix : canapés, fauteuils, poufs, tabourets, lits de repos, chaises longues, voire une pile de coussins si le cœur vous en dit. Quelle que soit l'option retenue, elle doit soutenir votre dos et rester confortable pour une assez longue période. En outre, les éléments doivent être disposés de façon que l'on puisse facilement s'y installer seul ou à plusieurs. Un petit canapé est tout à fait adéquat si vous êtes seul la plupart du temps, mais un peu étrange si vous êtes le plus souvent deux.

Si la place le permet, une solution consiste à en mettre un deuxième. Deux canapés l'un en face de l'autre donnent une impression quelque peu formelle, alors que placés en angle ils créent une atmosphère plus sympathique.

Le mobilier doit être disposé de façon à ne pas soustraire aux regards des éléments essentiels comme les fenêtres ou une cheminée. Le fait de regrouper tous les sièges d'une pièce autour de la télévision donne l'im-

LA DOUCEUR DU MODERNISME

Chaque maison devrait comporter une oasis d'ordre et de calme, et le salon semble tout indiqué pour remplir cette fonction. Aménagez-le avec des meubles fonctionnels, confortables et agréables à regarder, mais n'oubliez pas de personnaliser cet espace avec vos objets et vos tableaux préférés.

pression d'un salon sans âme, surtout si tout le monde ne désire pas la regarder en même temps.

La plupart des gens ont, de plus, besoin de beaucoup de rangements, non seulement pour entreposer livres, disques, verres et boissons de façon judicieuse, mais aussi pour exposer leurs objets préférés et en profiter.

Il n'est pas toujours facile de trouver un pan de mur libre pour y installer un placard ou des étagères. Les éléments fixes comme les portes et les radiateurs ont la fâcheuse habitude d'être mal placés, et rares sont ceux qui peuvent s'offrir des rangements sur mesure. Des rangements libres présentent parfois l'avantage de diviser une pièce, tandis que les éléments bas ou modulaires sont conçus pour se glisser dans les coins et sous les fenêtres.

Votre environnement doit enfin être assez souple pour s'adapter aux besoins et aux goûts du jour. Aussi, avant de fonder la décoration de votre salon sur la base d'un tableau amusant ou d'un tissu aux motifs très marqués, prenez le temps de vous demander si vous ne vous en lasserez pas dans un an. Des fenêtres sans rideaux qui laissent la lumière inonder la pièce par les belles matinées de printemps vous mettront mal à l'aise les soirs d'hiver, où vous vous sentirez exposés aux regards de tous. Il est donc essentiel de prévoir une certaine forme d'habillage qui s'accommode des variations saisonnières.

CLASSIQUES, LES RAYURES ?

Le mobilier traditionnel n'est pas du tout pesant lorsqu'il est associé à des murs traités avec une peinture décor, un tissu rayé très simple et un assortiment de coussins de toutes les couleurs. La lumière qui inonde la pièce en entrant par les fenêtres sans rideaux est subtilement tamisée par des boiseries colorées, tandis que les plantes vertes font entrer le jardin dans la maison.

SOLUTIONS D'AMÉNAGEMENT

Avant toute chose, dressez un plan de votre pièce à l'échelle. Très utile, il vous permettra de planifier les travaux de décoration, et vous aidera à repérer les angles morts et les erreurs potentielles. Vous découvrirez enfin la forme réelle de votre pièce et ne serez plus obligé de faire un effort d'imagination pour savoir si tel meuble convient ou non.

Pour faire ce plan, il vous faut : un crayon bien taillé, un mètre ruban en acier ou en fibre de verre (mais pas votre centimètre de couturière, trop court et déformable), une règle, du papier millimétré ou quadrillé (si possible à petits carreaux) et une calculatrice.

Commencez par dessiner grossièrement la surface au sol, en marquant l'emplacement des portes, des fenêtres, des cheminées, des alcôves et des éléments fixes tels les radiateurs et les placards aménagés dans les murs. Ce premier jet n'a pas besoin d'être précis.

Vous devez ensuite choisir l'échelle qui vous permettra de reproduire tous les éléments de votre pièce en miniature. Vous pouvez décider que chaque mètre de la pièce réelle correspond à 5 cm sur le papier. Gardez bien sûr la même échelle pour tout le dessin.

Mesurez ensuite chaque portion de mur, chaque ouverture, et tous les éléments notés sur votre première ébauche, et reportez-les à l'échelle sur votre papier quadrillé en respectant leur emplacement exact. Soyez aussi précis que possible et, si un mur présente une ouverture, un recoin ou tout autre détail, vérifiez vos chiffres en prenant d'une part les mesures individuelles et d'autre part la mesure totale. Mesurez les pièces d'un angle à l'autre, et vérifiez que ces données correspondent à celles que vous avez sur votre plan. Il est possible que vous vous soyez trompé, car tous les murs ne sont pas perpendiculaires. Vous serez peut-être obligé de modifier votre dessin pour en tenir compte.

Une fois satisfait de votre plan, faites-en plusieurs photocopies. Vous pouvez ensuite soit dessiner les diverses dispositions possibles de votre mobilier sur ces feuilles, soit découper de petits meubles à l'échelle dans du carton et les disposer sur votre plan. Si vous voulez vous souvenir avec précision des solutions intéressantes, collez légèrement les meubles miniatures et à l'aide de papier calque et d'un crayon à papier, relevez leur emplacement.

PIÈCES PETITES ET ÉTROITES

Un canapé et deux poufs pour s'asseoir, et des consoles de part et d'autre du canapé pour poser des objets et travailler. Le long du mur, de longues étagères basses reprennent la ligne du canapé et fournissent de l'espace rangement.

PIÈCES DE FORME INHABITUELLE

En écartant les meubles des murs, il est plus facile de circuler dans les pièces aux nombreuses portes. Pour créer un sentiment d'intimité et de chaleur humaine, le canapé, le fauteuil et la chaise longue sont regroupés autour d'un tapis.

PETITES PIÈCES

Le fait d'éloigner le plus possible le canapé de la porte limite son impact lorsqu'on entre dans la pièce. Le sol est aussi clair que possible pour donner une impression d'espace.

PIÈCES À RECOINS

Utilisez les alcôves et autres recoins pour les rangements. Avec deux canapés et un fauteuil, toute une variété de dispositions sont possibles.

ÉTABLIR UN BUDGET

- Les travaux de décoration coûtent toujours plus cher qu'on ne l'aurait imaginé *a priori*. Calculez donc votre budget et prévoyez un dépassement de vingt pour cent environ qu'il faudra respecter.
- Veillez à vous occuper en premier lieu des éléments de base : chauffage, installation électrique, éléments structuraux et sols. Vous serez peut-être obligé de faire appel à des professionnels (architectes et électriciens par exemple). Avez-vous pensé à inclure ces frais dans votre budget ?
- Essayez de voir si vous pouvez réutiliser du mobilier ou des accessoires existants.
- Si vous n'avez pas les moyens pour l'instant de changer des éléments fixes peu esthétiques (placards aménagés dans les murs ou tuyaux apparents par exemple), peignez-les de la même couleur que le fond pour qu'ils passent le plus inaperçus possible.
- Dans une salle de séjour, les priorités vont à des sièges confortables et un éclairage qui vous permette de changer l'atmosphère de la pièce.
- Un tapis, si modeste soit-il, donne immédiatement du cachet à une pièce. Il détourne l'attention des bords de la salle vers son centre.
- Rajeunissez vos sièges défraîchis en les drapant dans une couverture ou un jeté de canapé.
- La façon la plus rapide et la moins coûteuse de rafraîchir une pièce est de lui donner un coup de peinture. Profitez-en pour créer des coins distincts au sein de la même pièce, et pour lui donner davantage de caractère, en jouant par exemple sur les textures et les motifs.

BRIC-À-BRAC

En juxtaposant plusieurs types de sièges, il est plus facile d'adapter la pièce à ses différents usages. On a gardé une certaine unité décorative en les recouvrant tous de tissus aux teintes neutres.

La Préparation

À moins d'emménager dans un nouveau nid encore complètement nu, la première étape de tout travail de décoration, c'est la « préparation ». Enlevez tout le mobilier et les accessoires, du moins ceux qui sont faciles à transporter. Poussez les meubles trop lourds vers le centre de la pièce et recouvrez-les de plastiques protecteurs fixés avec du ruban adhésif. Protégez de la même façon le sol et les placards aménagés dans les murs. Retirez les tringles à rideaux et les luminaires. Si vous avez une cheminée, faites-la ramoner.

Si vous avez prévu du gros œuvre (déplacement d'une porte ou suppression d'une cloison), commencez par là. Il vous faudra parfois demander l'autorisation de la copropriété, voire un permis de construire (si vous modifiez l'aspect extérieur de la construction par exemple).

Ces formalités prennent du temps, aussi nous vous conseillons de vous en occuper avant de vous lancer dans les travaux. N'hésitez pas à consulter un architecte ou un géomètre professionnel si besoin est.

Le simple fait de changer le tissu qui tapisse une pièce peut avoir des résultats spectaculaires. Déplacer une porte ou inverser son sens d'ouverture peuvent permettre une disposition plus agréable du mobilier ou laisser entrer davantage de lumière. Faire tomber une cloison ou y pratiquer une ouverture offre de nouvelles perspectives. Des demi-cloisons permettent de diviser la pièce en plusieurs petits coins, ou bien de créer des espaces de rangement dans lesquels on installera des étagères. Il est également possible de se contenter de murets à mi-hauteur pour ne pas trop cloisonner la pièce.

Réfléchissez bien avant de vous lancer dans de gros travaux tels que ceux que nous venons d'évoquer : après transformation, la pièce doit avoir des proportions harmonieuses et on doit pouvoir y circuler librement. Il faut également tenir compte de l'architecture existante : évitez d'installer une division devant une fenêtre ou une cheminée par exemple !

Il existe, bien sûr, des façons moins définitives de modifier le caractère architectural d'une pièce. L'une d'elles consiste à installer un poêle à bois : c'est une source de chaleur très efficace et un élément fort décoratif. Faites appel à un spécialiste, car des normes très strictes doivent être respectées tant en matière d'installation que d'entretien. Il est, par ailleurs, facile de raviver des murs sans âme en les lambrissant de boiseries ou de panneaux de fibres agglomérées disposés selon un motif régulier. Ce résultat est très élégant. Pour un effet plus rustique, optez pour un assemblage à fausse languette, qui est aussi une solution rapide pour remettre en état des murs très endommagés.

Quant aux travaux de peinture et de tapisserie, les peintures acryliques et papiers peints résistants d'aujourd'hui facilitent largement le travail. Il est néanmoins recommandé de préparer les surfaces pour obtenir une finition plus professionnelle et plus durable. Vous trouverez ci-contre la liste de ces tâches préliminaires en fonction de l'état des murs et plafonds de votre pièce.

Le point de départ

Le fait de vider une pièce permet souvent de la voir sous un autre angle. On se fait une meilleure idée de sa taille réelle et de la lumière naturelle qu'elle reçoit, deux éléments qui peuvent éveiller l'imagination.

Éléments clés

Préparation

- Décollez le papier des murs et du plafond. Lavez les surfaces pour éliminer les restes de papier et de colle. Puis polissez-les au papier de verre pour que la nouvelle peinture accroche.
- Bouchez les petits trous et les fissures avec de l'enduit.
- Grattez la peinture ou le vernis qui couvrait les boiseries et pièces métalliques, ou décapez-les avec un produit chimique approprié. Rebouchez trous et fissures, polissez les surfaces et passez une couche d'apprêt avant de les repeindre.
- Le plus simple est souvent de faire décaper portes et volets par un professionnel. Toutefois, si vous préférez le faire vous-même, dégondez-les et posez-les sur une surface plane avant de faire sauter la vieille peinture.
- Lavez enfin toutes les surfaces à l'eau chaude légèrement savonneuse (utilisez un peu de détergent ménager liquide) en commençant par le plafond. Laissez sécher avant d'entreprendre la nouvelle décoration.

Bricoler en sécurité

- Entreposez toujours outils et matériel sous clé. Conservez les produits chimiques, détergents et peintures dans des récipients clairement étiquetés, hors de portée des enfants.
- Lorsque vous utilisez une échelle, vérifiez que tous les barreaux sont bien fixés et qu'elle est assez grande pour ce que vous voulez atteindre. Si c'est une échelle coulissante, laissez au moins trois barreaux doubles au milieu. Vérifiez que les deux pieds de l'échelle sont posés bien à plat sur le sol et que l'écartement est verrouillé. Ne posez pas de pot de peinture, de pinceau ou autre outil en équilibre sur les barreaux ; utilisez plutôt un crochet spécial ou le plateau supérieur.
- Travaillez toujours dans un lieu bien éclairé et bien aéré et essayez de débarrasser au fur et à mesure.
- Ne manipulez pas d'outils électriques ni de chalumeau si vous ne savez pas vous en servir. Suivez bien les instructions du fabricant pour recharger la batterie, changer une lame ou un foret.
- Lorsque vous manipulez un outil tranchant, coupez en éloignant la lame de votre corps et laissez vos doigts derrière la lame.
- Portez des vêtements adéquats et des lunettes protectrices si nécessaire.
- N'essayez pas de travailler trop vite : c'est le meilleur moyen de se tromper.

Sources d'Inspiration

Comment choisir un style pour son salon ? La meilleure solution est-elle de feuilleter des piles de livres et de magazines à la recherche de la photo qui ressemble à votre propre intérieur ? Faut-il absolument respecter le style historique de la bâtisse ou du quartier ? Un échantillon de tissu ou une photo fournissent-ils vraiment assez d'éléments pour permettre de décorer une pièce entière ?

La réponse est que, en fait, aucune de ces façons d'aborder le problème ne vous permettra à elle seule de trouver votre style de salon. Vous devez avant toute chose vous poser quelques questions : « Qu'est-ce que j'attends de cette pièce ? Est-ce que je la souhaite vivante mais douillette, ou spacieuse et lumineuse ? La décoration actuelle m'ennuie-t-elle ou me tape-t-elle sur les nerfs ? Est-elle trop froide ou étouffante ? » Il s'agit avant tout de préciser l'atmosphère que vous souhaitez créer. Pensez donc à des pièces dans lesquelles vous vous êtes senti particulièrement à l'aise et heureux. Laissez-vous aller à la rêverie...

Vous avez peut-être de doux souvenirs d'un endroit où vous passiez vos vacances lorsque vous étiez enfant, ou alors vous vous sentez toujours attiré par un certain type d'intérieurs lorsque vous feuilletez des magazines. Il ne s'agit pas de recréer ces pièces dans les moindres détails (cela serait d'ailleurs impossible) mais d'adapter certains éléments.

Si vous aimez par exemple les sols carrelés, mais que vous ne puissiez en avoir dans votre appartement, pourquoi ne pas transposer cette idée sous la forme de cache-pot en terre cuite vernissée ou d'un élégant tapis à carreaux rouges et blancs ?

Transformer une vague idée de ce que vous voudriez en un salon en trois dimensions peut sembler une tâche impossible, mais elle sera facilitée si vous regroupez toutes les images qui vous inspirent et des échantillons de couleurs et de matières qui vous plaisent. Accrochez-les sur une feuille de papier ou sur un tableau et examinez-les dans la pièce que vous souhaitez redécorer. Répétez cette opération plusieurs fois, sur une période de plusieurs jours, de façon à vous faire une idée de la pièce ainsi aménagée par une journée ensoleillée, par temps couvert et également de nuit. Vous allez peu à peu voir les différents éléments se mettre en place, vous vous rendrez compte s'ils vont ensemble et vous aurez enfin une idée plus précise des changements que vous souhaitez apporter.

Jouer avec les couleurs, les textures et les motifs est l'un des aspects les plus agréables de la décoration, mais on a trop souvent tendance, par peur de commettre des erreurs, à retenir la solution la plus sûre en

PLAN DU SALON

Considérez l'éclairage comme un élément essentiel de la décoration de la pièce et utilisez au mieux la lumière naturelle.

Vous pouvez installer le coin salon au centre de la pièce ou contre les murs.

Prévoyez une surface d'appui près des sièges pour pouvoir poser une tasse ou un journal.

espérant qu'elle ne choquera personne et sera plus facile à vivre. C'est une erreur, car vous vous sentirez probablement mieux dans un salon qui a du caractère que dans une pièce qui vous laissera indifférent.

Si vous rêvez d'une pièce entièrement blanche, ne vous contentez pas de murs laqués blancs et de quelques meubles de couleur claire. Le charme de ce type de pièce réside dans les contrastes de textures. Juxtaposez donc du verre dépoli, de la porcelaine fine et du bois sculpté, ou bien du linge fin ajouré de dentelle et des vieilles pierres.

Vous devez en fin de compte être très sûr de vous pour choisir un style « tout ou rien », avec une couleur vive, éclatante et beaucoup de caractère. Toutefois, vous pouvez aussi ajouter peu à peu de la couleur au projet jusqu'à ce que vous atteigniez un degré de saturation qui vous convienne. Si vous pensez que votre pièce a besoin d'une touche de vert pomme, ajoutez-en une petite quantité sous la forme d'un vase ou deux, ou de quelques coussins, pour juger de l'effet. Vous pourrez ensuite décider ou non d'acheter un nouveau tapis ou de repeindre les murs de la teinte choisie. Les mélanges de couleurs et de motifs ont des effets imprévisibles, mais la décoration perdrait tout son attrait sans cet élément de surprise !

Le fait de peindre un mur de couleur vive change complètement l'ambiance à une extrémité de la pièce.

Une table installée dans un coin repas peut également faire office de bureau temporaire si besoin est.

Outre leur fonction de rangement, des étagères non adossées à un mur peuvent servir de paravent ou diviser une pièce.

Les Harmonies de Couleurs

- Créez un ensemble harmonieux en utilisant deux ou trois nuances de la même couleur, ou différentes couleurs de même tonalité, comme le blanc, le gris pâle et le ton de pierre.
- Pour obtenir un ensemble très contrasté, optez pour des couleurs complémentaires, comme le bleu et l'orange, ou le rouge et le vert. Il est rare qu'on les utilise en quantités égales. L'une est généralement dominante, et l'autre sert à mettre une touche opposée ou une teinte plus douce. On ajoute souvent une couleur intermédiaire ou neutre pour calmer le jeu.
- Les ensembles monochromatiques sont reposants, mais il est nécessaire d'ajouter de petites notes d'autres couleurs pour que la pièce soit vivante. La quantité de couleur que l'on ajoute doit être savamment étudiée : on sait qu'il n'y a pas assez d'une couleur si elle a l'air perdue dans un océan d'une autre teinte, et on sait qu'il y en a trop lorsqu'elle devient une distraction.
- Il est possible de superposer des couches de couleurs différentes pour obtenir un effet particulier sur les murs et sur un certain nombre de tissus transparents qui habilleront une fenêtre. Superposer des couches de peinture de couleurs différentes donne un résultat plus doux qu'une couleur franche et permet d'obtenir un effet de texture intéressant.
- Il est souvent possible de réveiller un ensemble de couleurs terne en éclaircissant ou en fonçant légèrement l'une des teintes.

CHOISIR LA COULEUR DE LA PEINTURE

Pour se faire une idée plus précise de ce que donnent les couleurs *in situ*, peignez un petit morceau de mur, de préférence près d'un angle. Regardez les couleurs sous différentes lumières et sur une période de plusieurs jours. Disposez les meubles à proximité pour imaginer le résultat final.

LOVE

AMÉLIORER LE LOOK DE VOTRE SALON

JOUER AVEC L'ÉCHELLE

La forme stricte du tableau *(à gauche)* est compensée par l'assemblage d'objets plus petits. Un vase en forme de cube *(ci-dessous)* met bien en valeur un arrangement floral un peu exubérant. Derrière les portes de ce placard *(photo du bas)* se cache un système très ingénieux. Des fauteuils aux proportions généreuses *(à droite)* sont égayés par des coussins mouchetés.

Ça y est : les murs sont décorés et les principaux meubles en place. C'est maintenant la partie la plus agréable du travail. C'est à ce moment-là que vous créez l'atmosphère qui convient à votre salon : en mélangeant l'ancien et le moderne, ou le rustique et le contemporain ; en faisant des essais en matière de couleur, de motif, de texture et d'échelle. C'est à ce moment-là que vous allez avoir recours aux magazines et échantillons que vous avez amassés. Ils vous donneront des idées.

Les décorateurs professionnels animent chaque partie d'une pièce en jouant sur les contrastes. Une étagère toute simple, assez épaisse, servira par exemple de support à des figurines sophistiquées. On mettra l'accent sur la forme d'un bon gros fauteuil bien rond en plaçant à côté une petite table fine et délicate.

Le fait de donner plus d'importance à certains éléments de décoration qu'à d'autres permet d'équilibrer la pièce dans son ensemble. Si vous pensez accrocher un tableau à la personnalité bien marquée sur un mur, par exemple, tout objet que vous placerez en dessous devra être d'une couleur soit complémentaire, soit neutre, pour ne pas entrer en concurrence.

Le fait de jouer ainsi sur les divers éléments de la pièce peut donner un sentiment d'espace. Dans la pièce présentée ici et sur la page précédente, la cheminée et le placard peint s'équilibrent en termes de taille, de sorte que l'effet d'ensemble est moins écrasant que si l'un ou l'autre avait été utilisé seul. De même, le fait d'avoir installé le coin repas près d'un mur peint d'une couleur similaire donne de la profondeur à la pièce.

MEUBLES PEINTS

Dans de nombreux pays, en Europe et en Amérique du Nord notamment, il existe une tradition de peinture décorative pour le mobilier. Avec la vogue de l'écologie, on assiste depuis peu à un regain de popularité pour les meubles peints et les peintures à l'eau généralement utilisées dans ce cadre.

Peindre les meubles présente plusieurs intérêts majeurs. Cela permet par exemple de « vieillir » un meuble en pin neuf bon marché et de lui donner l'apparence d'un précieux héritage familial. De même, de vieux éléments fatigués peuvent être « rajeunis » et améliorés en appliquant plusieurs couches de peinture à l'eau, et en ponçant entre chaque couche pour révéler le grain du bois. Le résultat obtenu est un léger effet de vieillissement.

Si vous partez d'un meuble en bois brut, il vous suffit de poncer la surface pour la rendre bien lisse. Si votre meuble est, en revanche, peint ou taché, vous devez commencer par le décaper pour éliminer les vieilles couches de peinture ou de vernis, retrouver le grain naturel et obtenir une surface bien lisse. Pour ce faire, utilisez du papier de verre industriel, de la paille de fer ou, s'il y a un grand nombre de couches de peinture à enlever, un chalumeau.

La vieille armoire que nous vous présentons ici avait déjà été décapée. Il a donc suffi de la frotter avec de la paraffine pour commencer le processus de « vieillissement ». En effet, la paraffine donne instantanément un effet « vieilli » crédible, d'autant plus réussi que la surface enduite est importante.

MATÉRIAUX

Un bloc de paraffine

Peinture émulsion à l'eau : trois couleurs (crème, beige et bordeaux)

Deux pinceaux, l'un de 2,5 cm, l'autre de 5 cm

De la paille de fer très fine

Un chiffon doux pour faire briller

De la cire à l'eau neutre ou teintée pour le fini (en option)

1. **PRÉPARATION DE LA SURFACE**
Enduire de paraffine toutes les parties où vous voulez faire apparaître le bois nu, car la peinture n'y adhérera pas. Pour que le résultat ait l'air authentique, choisissez des endroits où l'usure naturelle survient en premier lieu, comme les coins, les bords et les moulures. Si vous souhaitez un effet très vieilli, enduisez également les parties planes.

2. **APPLICATION DE LA PEINTURE**
Appliquez le bordeaux sur la partie indiquée en donnant des coups de pinceau irréguliers. Cela rend la texture naturelle du bois apparente. Passez ensuite la seconde couleur, le beige.
Il n'est pas nécessaire d'être très précis puisque, en fin de compte, on enlèvera la peinture qui couvre les bords paraffinés.

3. **LE PROCESSUS DE VIEILLISSEMENT**
Peignez les surfaces restantes avec une seconde couche de bordeaux. Laissez bien sécher. Frottez ensuite le bois peint avec de la paille de fer pour éliminer la paraffine de façon aléatoire et révéler le bois qu'elle couvrait. Ce frottement « polit » également la peinture restante.

Habillage express des fenêtres

Un habillage rapide et facile des fenêtres est une solution intéressante tant d'un point de vue esthétique qu'économique. D'une part, la plupart des gens préfèrent aujourd'hui entrer dans des pièces inondées de lumière naturelle. D'autre part, un simple drapé ou jeté de tissu près d'une fenêtre offre souvent un contraste plus saisissant avec le mobilier que ne le feraient des rideaux classiques.

La façon la plus rapide d'habiller une fenêtre est d'accrocher du tissu à une tringle. En général, le tissu doit mesurer un peu plus de deux fois la distance entre la tringle et le sol, de sorte que chaque extrémité touche le plancher lorsqu'il est en place. Si vous optez pour un tissu léger, il sera nécessaire de le fixer ou de plomber la base pour éviter qu'il ne glisse.

Si vous aimez la finition nette que donne une tringle, mais que vous n'avez ni envie de choisir, de coudre ou de faire confectionner la tête de rideau qui convient, les anneaux à clips sont une solution.

Comme des anneaux classiques, on peut les enfiler sur une tringle, mais il suffit de les accrocher au tissu comme des pinces à linge.

Vous pouvez également agrafer ou épingler du tissu sur l'encadrement d'une fenêtre. Un inconvénient toutefois : il est alors difficile de tirer les rideaux ! Le mieux est donc de réserver cette solution aux ouvertures dont vous souhaitez obstruer la vue. Une autre possibilité, moins définitive et plus facile à nettoyer, consiste à fixer des crochets ou des anneaux près du haut de l'encadrement d'une fenêtre, et de suspendre des panneaux de tissu entre eux en nouant les coins.

PURE ÉLÉGANCE *(à gauche)*

Les tissus légers et translucides font de superbes rideaux minute. Nous vous conseillons toutefois de plomber la base pour leur donner une meilleure tenue. Ici, nous avons utilisé des panneaux de tissus différents pour créer un effet de profondeur.

TISSUS DRAPÉS *(à droite)*

Vous pouvez utiliser les crochets Omkret de chez Ikea pour créer une sorte de petit feston en haut d'une fenêtre ou pour réaliser des drapés Empire asymétriques, comme ici. Le tissu est retenu juste au-dessus de la hauteur du rebord de fenêtre par un petit ruban qui masque un crochet.

1. **FRONCER LE TISSU**
Fixez un crochet Omkret d'un côté de la fenêtre. Resserrez votre tissu en laissant assez de marge pour qu'un pan retombe sur le sol. Froncez ensuite un morceau de tissu en haut de la fenêtre et recouvrez-en l'Omkret.

2. **FAIRE UN PASSANT EN TISSU**
Prenez un peu de tissu en dessous du crochet Omkret et faites-le passer à travers la spirale métallique, par-derrière, de façon à former une petite boucle, ou passant.

3. **FORMER UN FESTON**
Couvrez l'extrémité de la spirale avec le passant en tissu et ouvrez légèrement les plis pour cacher le crochet Omkret.

4. **LE CHARME DE L'ASYMÉTRIE**
Répétez l'opération de l'autre côté de la fenêtre, en veillant à chaque fois à utiliser le bon crochet Omkret pour chaque côté. Vous pouvez réaliser le même style de rideau avec des embrasses classiques.

Stores et Rideaux

On est facilement effrayé à l'idée de faire des rideaux. Les possibilités paraissent infinies, d'immenses quantités de tissu sont souvent nécessaires et on risque de devoir supporter ses erreurs assez longtemps. Il est toutefois beaucoup plus facile d'aborder les choses correctement si l'on part de la taille et de la forme de la fenêtre. S'il s'agit d'une splendeur architecturale, ou si elle encadre une vue magnifique, couvrez-la le moins possible. Vous n'êtes même pas obligé de la couvrir du tout si elle est équipée de volets, s'il n'y a pas de courant d'air et si vous n'avez pas de vis-à-vis.

Cependant, la plupart des gens sont confrontés au même problème : trouver un style qui camoufle des fenêtres mal proportionnées. Celles qui sont trop basses, ou trop carrées pour la pièce, peuvent être rendues plus gracieuses par des stores fixés au-dessus du cadre, et non pas sur le cadre lui-même. La fenêtre semble alors plus haute. Les ouvertures très étroites peuvent être « élargies » en utilisant une tringle plus longue et en faisant dépasser les rideaux de part et d'autre de la fenêtre. Si les fenêtres sont trop près du plafond, optez pour des rideaux qui descendent plus bas que le rebord de fenêtre : cela attirera le regard vers le bas.

Les rideaux doivent aussi compléter le style architectural d'une pièce. Si les plafonds sont hauts et présentent des détails intéressants, la pièce aura moins tendance à être écrasée par des rideaux élaborés. Les lignes pures des stores bateaux ou à enrouleur feront néanmoins aussi bien l'affaire. Dans une pièce plus modeste ou plus moderne, un store approprié ou des rideaux fixés à une tringle ou éventuellement dotés d'un lambrequin très simple sont tout indiqués.

L'habillage des fenêtres fait partie intégrante de la décoration d'une pièce. Les plis profonds de tissu uni et les stores simples conviennent pour des pièces peu meublées. Dans les pièces plus richement décorées, les tissus utilisés pour habiller les fenêtres doivent s'accorder avec le reste du décor.

Comme nous l'avons vu, les rideaux n'ont pas seulement une fonction pratique. Ils sont aussi un élément décoratif important. C'est pourquoi il ne faut jamais lésiner sur le tissu : achetez toujours le métrage nécessaire pour le type de tête que vous avez choisi.

Vous pouvez envisager d'ajouter un lambrequin ou une cantonnière au sommet d'un rideau simple. Cela fait de l'effet et peut en outre cacher une tringle ou un rail peu esthétique.

Les rideaux doublés ont une meilleure tenue et une plus longue durée de vie. Ils isolent mieux du froid, protègent mieux des courants d'air et absorbent mieux les bruits. Mais attention : la doublure rend les rideaux opaques. Elle est certes souhaitable si vous voulez que le motif du tissu apparaisse clairement, mais peut aussi être un inconvénient si vous souhaitez laisser passer la lumière naturelle.

TÊTES DE RIDEAUX *(ci-dessous)*

La tête est le style de plis ou de fronces que l'on trouve en haut des rideaux. C'est elle qui détermine si l'effet obtenu est suffisant ou non, et elle joue un rôle important dans la définition du style de l'ensemble. Quelle que soit la méthode utilisée, veillez à ce que les rideaux soient faciles à tirer.

DIFFÉRENTES TÊTES DE RIDEAUX

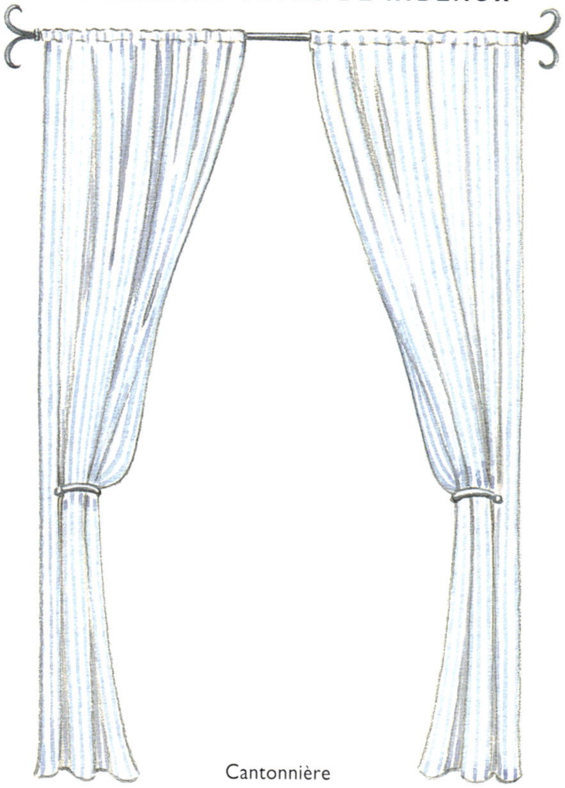

Cantonnière

Anneaux à rideaux métalliques

Tête de rideau à passants en tissu

Tête de rideau plissée

Anneaux en bois avec clips

Tête à œillets et cordelettes

Tête de rideau froncée avec anneaux à clips

Tête de rideau directement enfilée sur la tringle

Association contrastée de passants et de nœuds

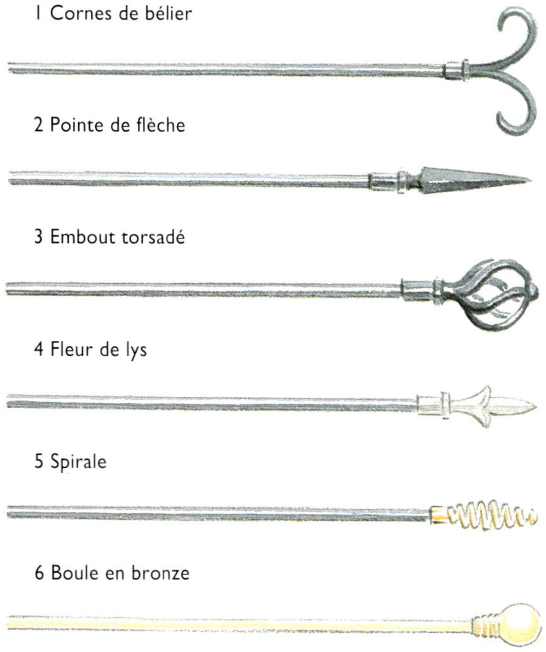

TRINGLES ET EMBOUTS

(à gauche)

Ce sont les tringles qui supportent l'essentiel du poids des rideaux. C'est pourquoi elles sont généralement en matériau rigide, tels le bois ou le métal. Elles sont souvent fixées juste au-dessus de l'encadrement de la fenêtre, mais prenez le temps de jouer un peu sur la position pour trouver leur emplacement idéal dans une pièce donnée. Si les embouts empêchent le rideau de glisser et de sortir de la tringle, leur principal rôle reste décoratif. C'est pourquoi souvent ils ne passent pas inaperçus.

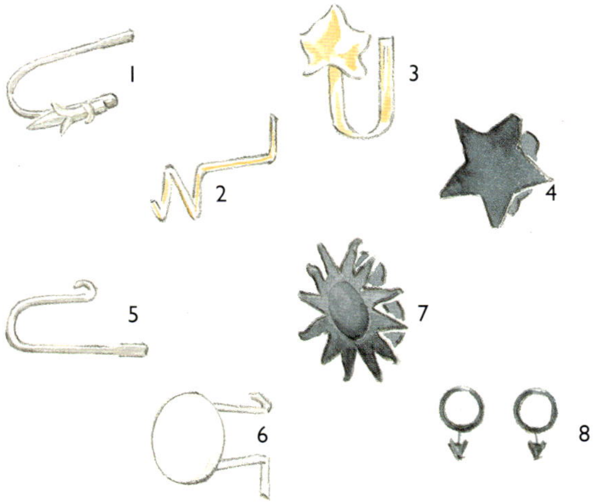

1 Embrasse
2 Crochet pour drapés
3 Support pour tissu
4 Pince à tissu
5 Embrasse
6 Crochet pour drapés
7 Pince à tissu
8 Anneau à rideau à clip

EMBRASSES

(à gauche)

Les embrasses maintiennent les rideaux écartés de la fenêtre de façon à laisser entrer la lumière naturelle. Elles supportent aussi une partie du poids des tissus lourds. Elles sont généralement fixées juste à côté du rebord de fenêtre pour les rideaux qui descendent jusqu'au sol, et à mi-hauteur pour les rideaux courts.

OPTIONS POUR L'HABILLAGE DES FENÊTRES

- Les tissus tombent et se drapent de différentes façons, alors choisissez celui qui donne le meilleur résultat. Préférez les tissus un peu raides comme le lin ou les toiles à maille serrée pour les stores, et les étoffes plus souples pour les drapés (cotonnades, soie ou lainages).
- Il est plus facile de varier la luminosité d'une pièce si l'on dispose d'un habillage à plusieurs « couches », avec par exemple des stores ou des voilages, plus un rideau simple.
- La passementerie permet d'égayer des tissus unis. On peut reprendre des couleurs utilisées ailleurs dans la pièce et donner ainsi de la cohérence à l'ensemble. Essayez par exemple de border des rideaux ou des stores avec un galon de tissu contrasté, ou d'attacher de petits rubans à certains anneaux.
- Une méthode quasi invisible de suspendre des rideaux consiste à les accrocher à un fil d'acier tendu d'un mur à l'autre ou à l'intérieur de l'encadrement d'une fenêtre. Il suffit de faire passer le fil d'acier dans les œillets du rideau, ou dans les anneaux.
- Si vous n'avez pas de vis-à-vis, vous pouvez vous contenter d'habiller le haut de la fenêtre avec du tissu translucide ou avec une cantonnière de tissu froncé.
- Si vous pensez utiliser un tissu blanc ou clair, il est préférable d'installer une réglette pour tirer le rideau sans le toucher. Il restera propre plus longtemps...
- Si votre fenêtre est large, il est plus joli de suspendre deux ou trois stores plutôt qu'un grand. Il est en outre alors plus facile de jouer sur le flot de lumière qui entre dans la pièce.

LIGNES PARALLÈLES

Des rideaux longs à plis à godets sont ici associés à des stores vénitiens, pour un habillage de fenêtres très élégant.

Atouts Architecturaux

Les cheminées ont parfois l'air sans vie lorsqu'elles ne fonctionnent pas, mais ce problème est facile à résoudre : il suffit de les décorer.

En réalité, la plupart des pièces ont plus d'un centre d'intérêt. Ce sont souvent les fenêtres *(tout à fait à gauche)*, mais cela peut être aussi une porte, un mur, une œuvre d'art ou le poste de télévision *(à gauche)*.

Centres d'intérêt

Toutes les pièces ont besoin d'au moins un élément qui attire le regard, un point qui mette l'accent sur un style ou un mode de décoration sans éclipser pour autant le reste. Dans le salon de la plupart des maisons anciennes, c'est la cheminée qui joue ce rôle : il s'agit parfois du seul élément décoratif *(ci-contre)* ; dans d'autres cas, c'est un simple cadre pour le feu vers lequel nous nous sentons souvent instinctivement attirés, même s'il est confiné dans un angle de la pièce *(à droite)*.

Mettre l'Accent sur la Couleur

La couleur, utilisée de façon créative, est le moyen le plus simple et le plus gai de donner du caractère à une pièce. Que vous viviez dans un immeuble moderne dénué de détails architecturaux ou dans une vieille bâtisse qui a besoin d'être subtilement rafraîchie, la couleur est peut-être l'outil le plus polyvalent en matière de décoration. C'est aussi le plus puissant : certaines couleurs étant systématiquement associées à certaines humeurs, nos réactions à leur égard sont toujours affectives.

Avant d'utiliser une couleur pour décorer une pièce, réfléchissez bien. Achetez un petit pot de peinture et couvrez une surface aussi grande que possible. Il faut que vous puissiez la regarder de loin et à différents moments de la journée.

Pensez ensuite aux effets que vous souhaitez obtenir. Ainsi, les pièces exposées plein sud ont tendance à surchauffer. Or, toutes les teintes peuvent contribuer à les rafraîchir, exception faite des verts les plus sombres et les plus vifs.

D'autres couleurs font ressortir la lumière naturelle et éclairent donc les pièces : c'est bien sûr le cas du blanc, le plus largement utilisé, mais aussi des bleu-gris et verts frais qui ont caractérisé la période gustavienne en Suède au XVIIIe siècle. Lorsqu'une pièce est triste et terne, un jaune pâle lui donnera un coup de fraîcheur et la rendra plus accueillante.

Jouez aussi sur les couleurs pour créer de petits coins au sein d'une même pièce. Un mur haut en couleur peut apporter un sentiment d'intimité à un coin repas ; le fait de disposer des sièges autour d'un tapis permet de définir un coin salon dans une pièce à plusieurs usages. L'un des atouts majeurs d'une décoration centrée sur la couleur tient à sa souplesse inhérente. Un tapis de couleur vive peut être roulé si un jour vous avez envie de changer d'ambiance, tandis qu'il est facile de tempérer la fougue d'un canapé de couleur trop vive en le couvrant d'un jeté plus pastel.

N'oubliez pas enfin que la clé d'une bonne combinaison de couleurs réside souvent dans la justesse des proportions. Si une note contrastée a un effet rafraîchissant, attention à ne pas en abuser : trop de couleurs risquent de se livrer une concurrence acharnée pour attirer votre attention.

La couleur est reine

Ici, le simple fait de repeindre deux petits éléments, plutôt étranges, une cheminée et une fenêtre tout en hauteur *(à gauche)* en a fait une composition abstraite. La lumière se réfléchit dans les surfaces et enrichit les teintes naturelles du sol et du mobilier.

Raies et carreaux

Lorsqu'il s'agit d'attirer l'attention, les motifs bien en vue ont à peu près le même effet que les couleurs vives *(en bas à gauche)*. Ici, cet assemblage crée un coin bureau en noir et blanc. L'avantage de ce type d'aménagements, c'est qu'il est très facile d'en changer pour obtenir une autre ambiance.

Le salon arc-en-ciel

Comme les toiles blanches, les pièces blanches offrent un cadre excellent pour jouer avec les couleurs *(ci-contre, à droite)*. Toutes les teintes de l'arc-en-ciel semblent présentes dans cet aménagement vivant mais parfaitement maîtrisé.

Le Sol de votre Salon

Il est important de bien réfléchir avant de choisir le sol de votre salon. Vous allez devoir acheter de grandes quantités du matériau retenu et, s'il est probable que vous ayez envie de redécorer votre pièce tous les cinq ou six ans, vous n'envisagerez certainement pas de changer le sol aussi souvent. C'est pourquoi nous vous conseillons d'opter pour des matières classiques et durables, tels le bois, le coco, la moquette ou le carrelage. De même, les teintes neutres sont faciles à vivre, et il est toujours possible de les égayer par un tapis coloré.

La couleur et le motif de votre sol peuvent vous aider à masquer les proportions réelles de votre salon. Les couleurs sombres et les motifs très marqués rétrécissent la pièce, mais cet effet peut être une diversion souhaitable dans une pièce pleine de recoins, dans la mesure où le revêtement ne couvre pas entièrement le sol. Les couleurs claires et les petits motifs discrets tout comme les surfaces unies donnent un sentiment d'espace. Par ailleurs, le fait de poser des carreaux en diagonale semble pousser les murs et agrandir la pièce.

Si le salon donne directement sur un balcon ou un jardin, choisissez un revêtement de sol qui se lave. Si la pièce sert aussi de salle de jeu pour des enfants en bas âge, optez pour une matière douce au toucher. En règle générale, les sons rebondissent dans une pièce carrelée ou pavée, alors qu'ils sont étouffés ou absorbés par la moquette. Les parquets en bois renvoient les sons sans les déformer, ce qui est important si vous installez une chaîne hi-fi dans la pièce.

SOBRE ET MODERNE *(à l'extrême gauche)*

Les sols stratifiés sont faciles à poser soi-même, et cette finition chêne clair offre un cadre chaleureux au motif noir et blanc du reste de la décoration.

LE CHIC IRRÉGULIER *(à gauche)*

Les lattes de récupération sont rarement parfaitement droites, mais elles donnent à une pièce un charme par leur irrégularité. Pour éviter que ces lattes irrégulières ne créent des courants d'air, utilisez un matériau de remplissage pour boucher les écarts trop importants.

LE CHARME CHALEUREUX DES TOMMETTES *(ci-dessus)*

De par leur couleur chaude, les tommettes sont une alternative intéressante au parquet. D'un entretien très facile, elles ne sont pas froides comme les autres carrelages. Pensez à les enduire régulièrement avec un produit à base de cire et d'huile.

QUE LA LUMIÈRE SOIT !

Les luminaires sont bien plus que de simples accessoires décoratifs. Ce sont eux qui déterminent comment vous allez utiliser votre pièce et comment vous allez vous y sentir lorsqu'il fait nuit ou gris dehors. Ce sont eux qui vous permettent d'utiliser l'espace en toute sécurité et confortablement, que vous décidiez de regarder la télévision, de lire, de bavarder avec des amis, de travailler ou tout simplement de sommeiller. Ils peuvent mettre en valeur un détail architectural ou un élément de décoration. Ils peuvent même modifier les couleurs et les textures. Un bon éclairage donne un air mystérieux et attirant à une pièce en désordre, alors qu'un système inadéquat peut faire ressembler un salon décoré avec goût à la salle d'attente d'une gare. La meilleure façon de tomber juste consiste à faire preuve de souplesse. Outre la lumière naturelle, la plupart des pièces ont besoin d'une combinaison de trois types de lumière artificielle : un éclairage central ou de fond, dirigé vers le bas (suspensions par exemple), vers le haut (lampadaires halogènes par exemple) ou rasant (appliques ou spots par exemple) pour pouvoir se déplacer ou pour les moments où l'on souhaite un peu plus de clarté par temps gris ; un éclairage ponctuel, provenant d'une lampe de table ou de bureau, apporte davantage de lumière à l'endroit où vous travaillez, lisez ou encore où vous vous livrez à votre passe-temps favori ; enfin un éclairage décoratif, sous la forme d'un chandelier ou de bougeoirs, complète l'ensemble.

Il est préférable de pouvoir varier la direction et l'intensité des luminaires. Un luminaire orientable, comme une lampe sur pied réglable, peut servir à éclairer un bureau si nécessaire. Lorsque personne ne se sert du bureau, on peut alors rediriger la lumière vers un tableau accroché sur le mur. Si vous travaillez et vivez dans la même pièce, vous pouvez souhaiter passer d'une lumière vive et d'une ambiance professionnelle à une atmosphère plus relaxante, avec un éclairage plus doux. Les luminaires munis de variateurs sont la solution idéale pour modifier l'intensité de la lumière.

Le choix de l'emplacement des luminaires constitue une étape essentielle de la planification de l'espace. Le mieux est de prendre ces décisions en s'aidant du plan de la pièce. Certains luminaires, comme les spots encastrés, doivent être mis en place avant que vous ne commenciez les travaux de décoration. D'autres

peuvent être incorporés au fur et à mesure de l'avancement des travaux, en même temps que les principaux meubles. Il vous sera plus facile de déterminer où vous aurez besoin d'un éclairage d'appoint pour lire ou travailler si vous avez décidé à l'avance de l'emplacement des fauteuils et canapés. De même, ce choix vous suggérera l'endroit où vous pouvez placer les sources d'éclairage général tels les lampadaires. Vous serez peut-être obligé de faire des compromis en fonction des prises électriques dont vous disposez.

La puissance des ampoules a elle aussi son importance. Ce sont les ampoules fluorescentes et les lampes fluorescentes compactes récemment mises au point qui durent le plus longtemps et sont les plus puissantes, mais elles donnent une désagréable lumière artificielle que l'on ne peut régler et qui évoque souvent des institutions comme les hôpitaux ou les écoles. Les ampoules halogènes basse tension sont légèrement moins performantes en matière d'efficacité lumineuse tout en étant assez coûteuses, mais elles diffusent une belle lumière blanche, beaucoup plus proche de la lumière naturelle que celle de la plupart des autres ampoules. En outre, elles sont petites et peuvent donc être facilement incorporées dans des luminaires discrets. On peut, en outre, faire varier leur intensité. Les ampoules au tungstène sont les plus couramment utilisées, bien qu'elles aient la durée de vie la plus courte et l'efficacité lumineuse la plus réduite. Elles ont néanmoins deux atouts majeurs : elles sont bon marché et diffusent une lumière jaune chaleureuse et rassurante.

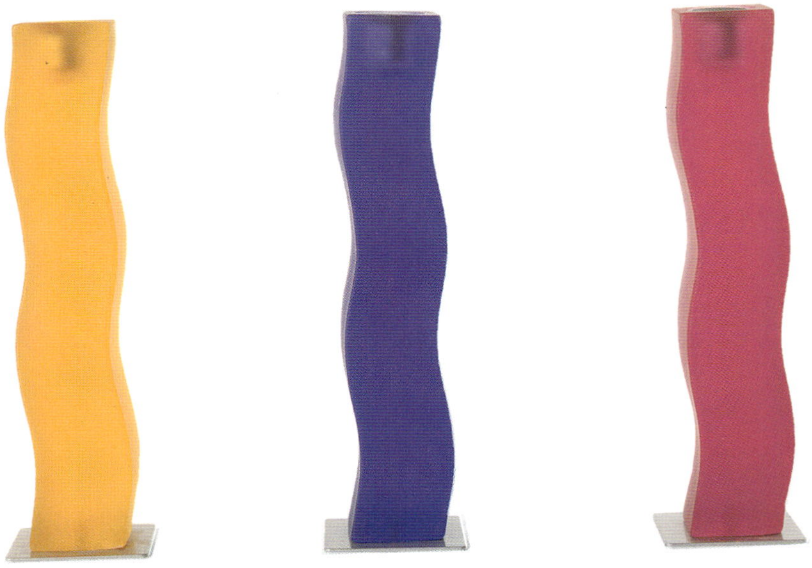

Éclairage du Salon

SPECTACLE DE LUMIÈRES

(à gauche)

L'abat-jour en forme de dôme d'une lampe de table crée une mare de lumière localisée sur un meuble, tandis qu'une ampoule au tungstène met en valeur les tons chauds du meuble en bois. Ce type de luminaire est un bon moyen d'attirer l'attention sur une surface d'exposition, mais ce n'est pas la meilleure solution pour mettre l'accent sur un objet particulier. Une source de lumière orientable, comme le spot halogène mural basse tension, est plus adaptée. Il sert ici à éclairer le panneau frontal de la chaîne hi-fi pour en faciliter la manipulation. Il n'est cependant pas nécessaire que chaque source de lumière ait un objectif précis. Il s'agit parfois simplement d'équilibrer l'éclairage d'une pièce ou d'animer un coin sombre.

LE CHARME TRANQUILLE

(en bas à gauche)

Les pièces qui ont une forte personnalité architecturale doivent être meublées très simplement. Ici, un lampadaire arqué basse tension reprend la courbure d'une jarre en terre cuite, tout en étant pratiquement transparent lorsqu'on regarde en direction des poutres anguleuses.

LE CHOIX DE LA SOUPLESSE

(à droite)

L'éclairage d'un salon devrait toujours permettre une grande souplesse d'utilisation. Peut-être n'utiliserez-vous pas toutes les sources de lumière simultanément, mais il est rassurant de savoir qu'elles existent. Ici, un lampadaire et un luminaire à bras orientable permettent de lire, tandis que des suspensions placées au-dessus des tables créent une ambiance appropriée pour dîner et discuter entre amis.

Les objets décoratifs sont éclairés par-dessus à l'aide de divers types de spots, encastrés ou non. Les spots destinés à éclairer un tableau doivent, en principe, être orientés vers l'image pour éviter les reflets. L'angle doit être modifiable, car chaque type de surface peinte réfléchit la lumière à sa manière. La meilleure façon de mettre en valeur le verre et la céramique consiste à les éclairer par en haut ou de face pour souligner la forme, la couleur et la texture de l'objet.

Par ailleurs, des bougies vacillantes, une veilleuse, ou peut-être un feu de cheminée, donneront à une pièce un sentiment de calme et de sécurité.

ÉTAGÈRES ET PLACARDS

Le type de rangements que vous allez choisir pour votre salon affectera radicalement son style et son atmosphère. Certains, comme les placards encastrés, ont beaucoup de présence et peuvent être utilisés pour modifier la forme de la pièce. D'autres, comme les bibliothèques, les commodes et les systèmes modulaires, peuvent être assimilés à des meubles.

Pour déterminer quel est le système qui vous convient le mieux, pensez avant tout au côté pratique. On a tous besoin d'un espace masqué par des portes closes pour cacher un bric-à-brac peu esthétique, mais la plupart d'entre nous souhaitent également un espace pour exposer les objets préférés, qu'il s'agisse de plusieurs centaines de livres ou d'une série de galets roulés par la mer. La taille du rangement est fonction de son emplacement. N'oubliez pas de prévoir la place pour ouvrir portes et tiroirs, et pour fixer les supports d'étagères (montants et équerres).

L'aspect extérieur a aussi son importance. Essayez d'imaginer à quoi ressemblerait une alcôve ou un recoin avec divers types de rangements. Une alcôve, par exemple, disparaîtra si vous y installez des placards du sol au plafond. Des placards réussis donneront à une pièce une atmosphère ordonnée, une sensation d'espace, tandis que des rangements mal adaptés lui ôteront tout cachet et réduiront par la même occasion l'espace au sol et au plafond.

EXPOSER LES OBJETS

De hautes vitrines *(en haut à gauche)* permettent de ranger un grand nombre de livres sans les exposer à la poussière. Un mur entier couvert d'étagères *(en bas à gauche)* convient mieux pour un décor plus aéré. Tout l'espace disponible est utilisé, mais en peignant les étagères de la même couleur que le mur, leur impact est réduit dans cette pièce très sobrement meublée.

LES MATIÈRES NATURELLES

Les meubles en bois *(à droite et à l'extrême droite)* permettent de ranger le bric-à-brac de votre salon. Ils complètent agréablement les thèmes naturels de l'ensemble de la décoration. Les éléments bas fournissent également une surface utile non négligeable pour exposer de jolis objets.

ÉLÉMENTS CLÉS

Exposer ses Objets de Collection

- Groupez toujours les objets similaires pour renforcer leur impact.
- Essayez de créer des contrastes de couleur, d'échelle et de texture. Présentez par exemple des paniers rustiques sur des étagères métalliques, tandis que les pochettes de disques compacts, en plastique transparent, ressortent bien sur des rangements de couleur vive. Un groupe de photos est plus amusant si les cadres sont de différents styles.
- Les trop grands ensembles sont parfois écrasants. Essayez de ponctuer les rangées de livres avec différents objets ou des espaces libres.
- Si les éléments que vous voulez mettre en valeur sont tout petits, présentez-les dans des plateaux compartimentés ou dans des boîtes pour que chacun ait un cadre.
- Les espaces dits « morts » sont idéaux pour exposer vos collections. Vous pouvez ainsi tirer parti d'un coin en y installant un petit meuble fixé au mur ou même simplement une étagère d'angle. Les pans de mur étroits, coincés entre deux fenêtres par exemple, sont parfaits pour accrocher plusieurs petites photos. Placez les objets fragiles en hauteur pour plus de sécurité.
- Les commodes ou autres meubles bas attirent l'œil vers la partie inférieure de la pièce. C'est une bonne idée à retenir si le plafond est bas, ou si vous préférez utiliser l'espace au-dessus de ces rangements pour fixer des éclairages muraux ou suspendre des cadres.

BIEN RANGÉ

Le dessus d'un bahut est un endroit idéal pour exposer quelques objets.

Loisirs d'Intérieur

Que vous regardiez la télévision rarement ou souvent, cette activité fait toutefois partie de votre vie quotidienne. Il est donc important d'étudier soigneusement l'emplacement du poste. Il doit être bien visible depuis les sièges voisins, et placé à une hauteur confortable (au niveau des yeux une fois assis est la hauteur idéale). Évitez enfin que le soleil, ou une autre lumière vive, ne se reflète sur l'écran.

Vous avez peut-être une idée très précise de la place que vous souhaitez accorder à la télévision. Dans un salon télé ou une pièce conçue pour les loisirs d'intérieur, le téléviseur est un élément central évident, et il n'y a aucune raison pour qu'il ne soit pas visible.

En revanche, si vous regardez rarement la télévision (ou aimeriez qu'il en soit ainsi), ou si la pièce où vous l'installez a également d'autres usages, les raisons de cacher le poste lorsqu'il ne fonctionne pas sont légion. Vous pouvez alors le mettre dans un placard, abrité derrière des portes, et ne le dévoiler qu'au moment voulu ou encore sur un plateau hydraulique qui s'élève d'un coffre ou autre repère dissimulateur. Une autre solution consiste à l'installer sur une table roulante ou un petit chariot que vous pourrez pousser dans un autre coin de la pièce ou de la maison une fois votre émission préférée terminée. De nos jours, la télévision apporte cependant bien plus que les informations ou un feuilleton attachant. Vous pouvez la raccorder à votre chaîne hi-fi, ou au monde extérieur, grâce aux réseaux de télécommunications qui proposent services bancaires, télé-enseignement et shopping à distance. Le rôle joué par les ordinateurs à la maison change aussi du tout au tout : il ne s'agit plus seulement d'outils de travail ou de loisirs. Ils fournissent également aux consommateurs toute une gamme de services extérieurs. La prolifération de ces nouvelles technologies a fait disparaître les anciennes barrières entre le travail, la détente et la gestion du ménage. Cette révolution va forcément affecter notre façon d'aménager et d'utiliser notre logement.

LE COIN MUSIQUE-TÉLÉVISION

- Vous pouvez raccorder votre téléviseur, votre magnétoscope, votre chaîne hi-fi et votre console de jeux vidéo. Lorsque vous installez les différents éléments, mettez l'écran de télévision à hauteur des yeux une fois assis, la chaîne hi-fi par-dessus, le magnétoscope et la console vidéo en dessous pour que les enfants y aient facilement accès.
- Vérifiez qu'il reste de la place pour les fils, les raccordements, les prises et la ventilation.
- Si votre téléviseur est dans un placard, installez-le sur un plateau tournant et coulissant, de façon à pouvoir le tirer et l'orienter vers vous.
- Les services proposés par les chaînes câblées et les télécommunications nécessitent souvent un décodeur ou un convertisseur. Mettez-le à côté du téléviseur, c'est plus pratique.
- Si le nombre de télécommandes a atteint chez vous des proportions vertigineuses, remplacez-les par un système universel capable de commander plusieurs appareils.
- Ne laissez pas traîner les longueurs de câble inutilisées. Enroulez-les et fixez-les avec un élastique ou tout autre système d'attache.

LE CINÉMA À LA MAISON

Une soirée télé prend un air de fête si vous prenez le meilleur fauteuil de la maison, mais n'oubliez pas que s'asseoir trop près ou trop loin de la télévision fatigue les yeux.

OÙ EST LA TÉLÉVISION ? *(page ci-contre)*

C'est à vous de décider si la télévision doit être le centre d'intérêt de la pièce. Si vous le souhaitez, vous pouvez la mettre sur une table roulante et ainsi l'escamoter facilement derrière un panneau coulissant quand elle n'est pas en marche. De plus, le fait de monter les sièges sur roulettes permet de réorganiser plus facilement la pièce si certains veulent lire et d'autres regarder la télévision.

UNE BONNE CACHETTE *(ci-dessus)*

De simples étagères et des stores vénitiens constituent une solution économique et élégante. Des étagères courtes résisteront mieux à de lourdes charges et auront moins tendance à plier sous le poids. Variez la hauteur pour ajouter une certaine fantaisie tout en fournissant des appuis naturels aux albums voisins.

Fleurir son Intérieur

Il est difficile d'imaginer un style de pièce où les fleurs seraient superflues ou déplacées. Ce sont elles, en effet, qui apportent la dernière touche à une décoration. Un simple bouquet de fleurs de saison ou quelques branchages soigneusement sélectionnés donnent de la vie et une impression de luxe à la plus terne des pièces, luxe toutefois abordable, à moins que vous n'achetiez des brassées exotiques en plein hiver. En outre, c'est une décoration renouvelable à l'infini. Une semaine, vous pouvez choisir des fleurs qui font ressortir la couleur dominante de votre salon ou qui se fondent subtilement dans cette harmonie. La semaine suivante, vous pouvez vous décider pour créer un contraste édifiant.

Plus important encore, les fleurs apportent le lien nécessaire avec la nature. Si vous possédez un jardin, cultivez-y suffisamment de feuillage et vos fleurs préférées pour vous assurer un apport régulier en couleur et en texture tout au long de l'année. Les fleurs sont l'une des façons les plus simples et les plus charmantes de faire entrer la nature dans votre intérieur. Ne craignez pas d'endommager les plantes : de nombreuses espèces à fleurs ne se portent que mieux si on les cueille régulièrement pendant la période de croissance. En effet, cela renforce le feuillage et multiplie les floraisons. En hiver, lorsque le jardin paraît nu, vous y trouverez encore des infrutescences séchées, des feuilles mortes, des baies colorées, des brindilles cassées et la verdure des plantes au feuillage persistant, comme les fougères et le lierre. Même si vous n'avez pas de jardin, il n'est pas extravagant d'avoir toujours chez soi un peu de couleur et de verdure en achetant des fleurs de saison. Optez pour l'exubérance au printemps et en été, lorsque les gros bouquets sont abordables. Ils donneront instantanément à un appartement citadin un air de campagne. En automne et en hiver, vous pouvez confectionner des compositions florales durables avec des fleurs sèches et divers végétaux. Épis de maïs, renouée, hortensias et chardons donnent, par exemple, de superbes résultats dans les salons modernes, où leur présence apporte un peu de fantaisie à une décoration sobre.

Vous pouvez aussi traiter une seule fleur comme un objet d'art en soi. Une seule tulipe perroquet présentée dans un vase adéquat a bien plus de présence qu'un bouquet des mêmes fleurs entassées dans un banal

récipient. De même, deux ou trois fleurs flottant dans une coupe pleine d'eau offrent un spectacle ravissant vu de haut. Plusieurs petites compositions disséminées dans une pièce peuvent donner un décor fade et décousu. Il est beaucoup plus intéressant de les regrouper, sur le manteau d'une cheminée ou un rebord de fenêtre par exemple, pour une véritable explosion de couleurs.

Il est important de se constituer une collection de récipients de formes et de tailles différentes, car rien n'est plus triste que des fleurs disposées dans un vase trop grand ou trop petit ou doté d'un col trop étroit ou trop évasé. Les vases en verre transparent sont particulièrement polyvalents et s'accordent avec une infinité de styles de décoration. N'oubliez pas d'enlever toutes les feuilles qui tremperaient dans l'eau pour éviter que celle-ci ne croupisse. Changez également l'eau régulièrement, de préférence tous les jours, pour qu'elle reste bien claire. Vous pouvez aussi opter pour des vases en verre opaque, plus tolérants...

Un bouquet de fleurs vives dans un vase en verre de teinte contrastante illuminera à ravir une pièce toute blanche. Les récipients en céramique et en métal se prêtent bien aux fleurs dont les tiges ne sont pas particulièrement jolies ni intéressantes. Vous pouvez répartir uniformément les fleurs dans un vase à l'aide d'un morceau de grillage fin ou d'un bloc de mousse de fleuriste. Vous pouvez également transformer une vannerie en vase : il vous suffit de cacher un récipient étanche à l'intérieur du panier.

Délicieux détails et finitions

LES TOUCHES FINALES

Le dénuement de la pièce *(ci-dessus)* est renforcé par la présence d'un tableau sans cadre, de bougeoirs squelettiques et d'une cage ancienne, superbe mais vide. Pour éviter que l'atmosphère soit trop déprimante, on a jonché le canapé de coussins. Dans les pièces au décor neutre *(en haut à droite)*, il est nécessaire de répéter une note de couleur vive pour qu'on comprenne qu'il s'agit bien d'un choix

délibéré et non d'une idée en l'air. Le fait de poser simplement les cadres sur un meuble ou par terre les rend moins précieux. Les arrangements les plus simples sont parfois les meilleurs. Des livres et des photographies encadrées *(page de gauche, en bas à droite)* humanisent une pièce et il n'y a aucune raison pour les confiner aux étagères et aux bibliothèques. Un rebord de fenêtre assez large est l'endroit idéal pour exposer quelques photos, car elles profiteront de la lumière sans bloquer ses rayons. Les finitions peuvent souvent suggérer un style de décoration *(à gauche)*. On retrouve ici dans la housse du canapé et dans les coussins les différents tons de rouge du tableau ainsi que, de façon plus subtile, dans la desserte traditionnelle et le pied de lampe en bois. Ce décor original est facile à réaliser, et cela à moindres frais.

Salles à Manger

HISTOIRES DE TABLE

Si vous aimez recevoir et organiser vos dîners comme des productions théâtrales, vous avez probablement très envie d'avoir une pièce réservée à cet usage *(à droite)*. Une salle à manger de ce type peut être décorée comme un plateau de théâtre. Pour un effet dramatique, seule la table est éclairée, et les accessoires (vaisselle et autres) jouent un rôle bien moins important que les « stars » que vous avez invitées.

La tentation de créer un espace chaleureux avec des éléments tout en douceur peut être grande, mais souvenez-vous que les odeurs de nourriture s'accrochent aux tapis épais et aux lourds rideaux. Essayez plutôt de mettre l'accent sur l'événement en jouant sur la façon de dresser la table *(ci-dessus)*.

La plupart des salles à manger ne peuvent malheureusement pas être réservées aux grandes occasions. Il faut donc pouvoir les adapter rapidement à un usage plus quotidien. Ce sera facile si elles sont décorées avec des couleurs fraîches et ensoleillées *(page de droite)*. Une table pratique dans une pièce bien ensoleillée est un endroit très agréable pour travailler ou se livrer à son passe-temps favori. Vous pourrez néanmoins la dresser pour une soirée entre amis : couvrez-la d'une jolie nappe, sortez votre vaisselle préférée et donnez la touche finale avec un bouquet de fleurs du jardin, le tour est joué !

CHAPITRE 2

CUISINES

La cuisine est l'une des pièces les plus importantes de la maison. Elle est souvent utilisée par tous les membres de la famille, aussi est-il essentiel de tout étudier, de la taille exacte des placards au style de revêtement de sol, sans négliger aucun détail, avant d'entreprendre une nouvelle décoration.

Une utilisation créative mais aussi pratique de l'espace vous permettra d'économiser du temps et de l'énergie dans vos tâches quotidiennes. Nous vous proposons dans ce chapitre des suggestions pour aménager une cuisine classique, des conseils pour gagner de la place et un grand nombre de photographies d'aménagements judicieux. Il ne vous reste plus qu'à laisser travailler votre imagination !

La cuisine Idéale

La cuisine est au cœur de la vie familiale. Ce n'est pas simplement l'endroit où l'on prépare les repas et où l'on mange, mais aussi une pièce où l'on peut faire la lessive, surveiller les enfants et s'occuper de la gestion quotidienne du ménage. C'est aussi là que, même s'il y a un vaste salon à côté, la famille et les amis se réunissent spontanément. La cuisine idéale n'est donc pas seulement un lieu où l'on travaille. Elle a aussi une fonction symbolique. C'est la « mère nourricière » qui nous réchauffe l'âme et le corps. C'est pourquoi sa décoration évoque souvent avec nostalgie une époque révolue, plus paisible.

De la place pour bouger

L'espace est le bien le plus précieux qui soit dans une cuisine fonctionnelle. Tirez le meilleur parti possible de la place dont vous disposez en jouant sur les espaces rangements et les plans de travail. La plupart des magasins proposent une large gamme de styles de rangements et une grande variété de plans de travail.

15/652/84
BLUE LINTONG
ARAB COFFEE
NET 60 KGS
TOWEL

Solutions pour concevoir une Cuisine

L'objectif des cuisines intégrées est de faciliter la gestion de l'espace. Il est, en effet, moins fatigant de travailler dans une cuisine dans laquelle l'eau (évier, lave-vaisselle), le chaud (four, table de cuisson) et le froid (réfrigérateur, congélateur) sont rapprochés, en particulier s'ils sont disposés selon ce que les professionnels appellent le « triangle d'activité » (voir pages 72-73). De même, une cuisine intégrée bien conçue est plus facile à nettoyer qu'une collection aléatoire de placards et d'étagères qui permettent à la graisse et à la saleté de s'incruster dans des recoins inaccessibles.

Concevoir une cuisine ne se limite pas à aménager un espace de travail pratique. La présence d'appareils électroménagers en acier chromé d'un mur à l'autre de la pièce ne changera rien : il s'agit d'une cuisine et non d'un laboratoire scientifique. Il est donc tout aussi important de créer une atmosphère confortable dans cette pièce que dans les autres parties de la maison. Les matériaux que vous choisirez pour les murs, le sol et le mobilier devront être agréables à l'œil et au toucher et faciles à nettoyer.

Si la cuisine s'inscrit dans une vaste salle à usages multiples (cuisine dite « américaine »), ces éléments doivent également fournir un lien visuel avec le reste de la pièce. Et, si vous avez la place, ajoutez aux placards intégrés quelques meubles isolés, tels une table ou un petit canapé, pour donner l'impression que c'est aussi une pièce où il fait bon vivre.

ZONES D'ACTIVITÉ *(ci-dessus)*

Les matières naturelles ajoutent de la chaleur à un modèle vert et blanc très frais. Une rangée d'éléments bas disparates sépare le coin repas de la zone de préparation des aliments.

COMME SUR DES ROULETTES *(à droite)*

Lorsque la cuisine occupe une partie d'un vaste séjour, il est appréciable de pouvoir la dissimuler derrière une paroi coulissante. Des rangements à roulettes pour les condiments et des ustensiles donnent, en outre, beaucoup de souplesse à cette kitchenette.

Petites Cuisines

PETIT, DONC PRATIQUE

Dans une cuisine moderne, le manque de place ne nuit pas forcément à l'efficacité. L'aménagement de cette cuisine *(à gauche)* permet d'utiliser le matériel et de le remettre en place avec un minimum de mouvements. Les ustensiles d'un usage moins fréquent sont rangés sur une étagère au-dessus de la porte. Les idées toutes simples peuvent avoir un impact important sur les petits espaces *(à droite)*. Ici, on a juxtaposé des placards en bois naturel, des carreaux de faïence noirs (que l'on retrouve sur les murs et le sol), et de la peinture blanche : un résultat éclatant pour une cuisine très fonctionnelle.

Lorsque vous aménagez une petite cuisine, essayez d'éviter de vous lamenter sur sa taille. Les petites cuisines sont tout aussi aménageables que les grandes. En fait, plus d'un chef renommé préfère travailler dans un espace où les déplacements entre les placards, l'évier et les fourneaux sont réduits au minimum et les pertes de temps limitées.

Vous allez devoir faire un effort d'imagination pour réussir à caser tout l'équipement et les rangements nécessaires dans ce petit espace. Rassurez-vous : la plupart des appareils électroménagers existent en version compacte. Vérifiez néanmoins avant d'acheter ces modèles réduits qu'ils couvrent bien les besoins de votre foyer.

Créer une impression d'espace est tout aussi important que bien gérer la place dont vous disposez. Si vous choisissez des tons similaires pour les murs et les meubles intégrés, ces derniers se verront moins. Par ailleurs, une ouverture vers une autre pièce, que ce soit par une porte ouverte ou par un passe-plat, fera paraître une petite cuisine plus grande.

ÉLÉMENTS CLÉS

DE LA PLACE POUR BOUGER

- Les tables et plans de travail rabattables ou coulissants vous permettent d'utiliser au mieux un espace au sol réduit. Choisissez des sièges qui s'empilent ou se plient lorsqu'ils ne servent pas.
- Un billot mobile fournit de la place supplémentaire pour travailler et ranger des ustensiles indispensables comme les couteaux et les casseroles.
- La plupart des éviers peuvent être couverts d'une planche à découper adaptée, ce qui agrandira votre plan de travail. De même, si vous achetez une nouvelle cuisinière, choisissez-en une avec un couvercle solide.
- Rangez les ustensiles dont vous vous servez tous les jours à un niveau compris entre la hauteur des yeux et celle des hanches. Cela vous évitera d'avoir à vous baisser ou à vous étirer sans arrêt.
- Lorsque vous choisirez vos éléments bas, souvenez-vous que l'ouverture des tiroirs nécessite moins de place que celle des portes. Les premiers permettent, en outre, de mieux organiser l'intérieur des placards.
- Les portes coulissantes ne prennent pratiquement pas de place, mais il est rare que l'on en trouve sur les éléments de cuisines intégrées. En revanche, elles peuvent être fort utiles pour séparer le coin cuisine du reste d'une salle de séjour, par exemple.
- Lorsque vous travaillez dans la cuisine, prenez l'habitude de débarrasser et de nettoyer au fur et à mesure.

UNE ASTUCE POUR GAGNER DE LA PLACE

Si vous n'avez pas la place d'avoir une cuisine séparée, vous pourrez peut-être aménager un coin cuisine dans un espace à peine plus grand qu'un dressing.

Aménagement de l'Espace - 1

Si vous partez de zéro pour aménager votre cuisine, la première question que vous devez vous poser est la suivante : « Est-elle au bon endroit ? » Si vous avez très envie d'une vue sur le jardin, ou d'une vaste salle multiusages, vous pourriez envisager d'aménager votre cuisine dans une autre partie de la maison. Si ce que vous voulez vraiment, c'est davantage de place, peut-être est-il possible d'abattre une cloison ou d'agrandir l'espace au sol en déplaçant une porte ou un radiateur.

Ces travaux ne sont pas forcément coûteux : tout dépend de la façon dont votre maison a été construite et si des équipements spéciaux ou une main-d'œuvre spécialisée sont nécessaires pour redistribuer l'espace.

Déplacer les arrivées d'eau, de gaz ou d'électricité coûte souvent cher (sans parler de la gêne occasionnée pendant les travaux), mais le jeu en vaut parfois la chandelle, notamment si le coût de ces travaux ne représente qu'une petite partie des dépenses totales.

Quoi qu'il en soit, n'oubliez pas de prévoir une ventilation et l'écoulement des eaux usées dans votre nouvelle installation.

Si votre budget est limité et ne vous permet pas des modifications aussi importantes, ou si vous souhaitez simplement réaménager une cuisine existante, la première étape consiste à étudier soigneusement sa disposition et ses capacités de rangement. Y a-t-il assez de place pour que les enfants puissent jouer en toute sécurité ? La pièce contient-elle tous les appareils électroménagers dont vous avez besoin ? Certains d'entre eux, le lave-linge ou le congélateur par exemple, pourraient-ils être installés ailleurs ? Êtes-vous toujours à court de plan de travail ? Si tel est le cas, essayez de prévoir une bonne longueur de plan de travail ininterrompu entre l'évier et la table de cuisson. Qu'est-ce qui ne rentre pas dans vos placards ? Des placards grande hauteur amélioreraient-ils la situation ?

Une fois que vous avez une idée de la disposition possible de votre cuisine, dessinez une ligne imaginaire entre les trois pôles d'activité : l'eau, le chaud et le

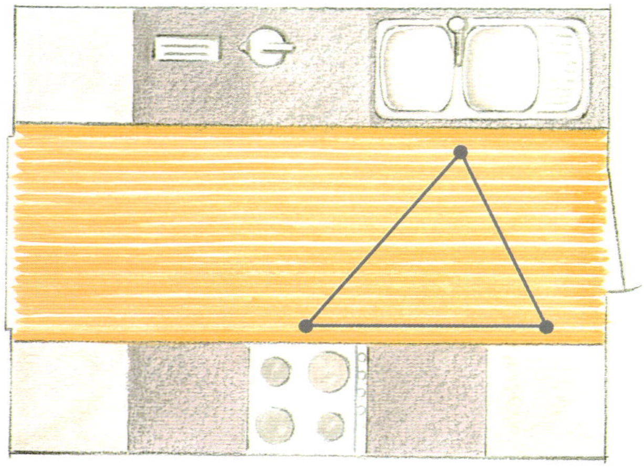

LA CUISINE EN DOUBLE I

Une cuisine en double I est équipée sur deux murs parallèles. L'espace compris entre les deux rangées peut être réduit à 95 cm, mais 20 cm supplémentaires facilitent l'utilisation.

LA CUISINE COULOIR

Idéale dans les cuisines dites « américaines » et les pièces étroites. Un seul mur est aménagé. Efforcez-vous d'avoir le plus long plan de travail ininterrompu possible.

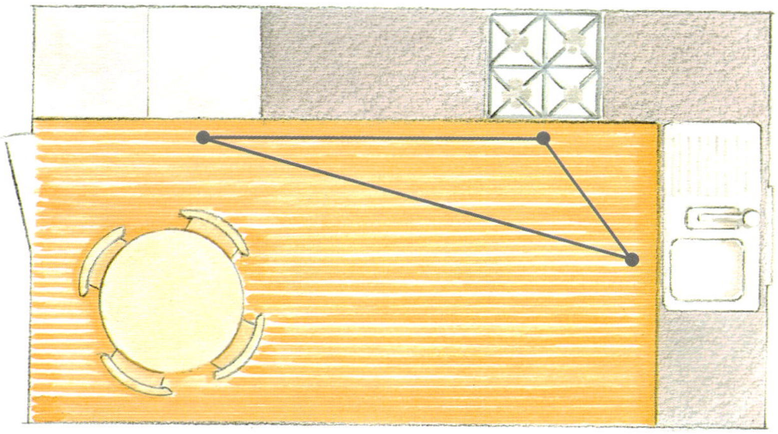

LA CUISINE EN L

Une bonne solution si vous souhaitez avoir la place d'installer une table. Pratique dans une pièce étroite, cette cuisine peut être utilisée par plusieurs personnes à la fois.

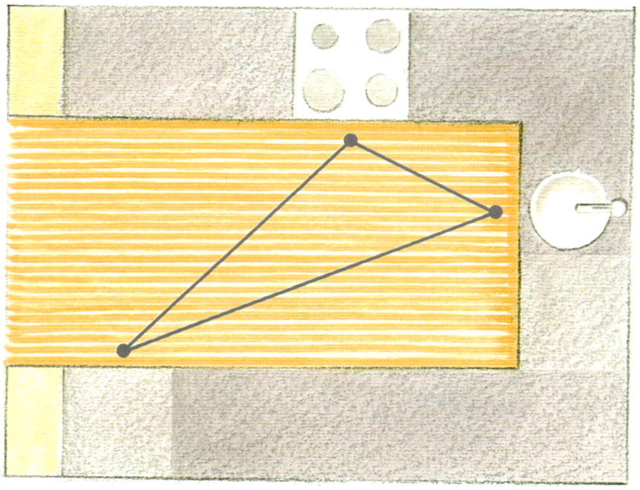

LA CUISINE EN U

Elle prévoit beaucoup de rangements et un grand plan de travail, mais n'est possible que si vous disposez de pans de mur ininterrompus sur trois côtés de la pièce.

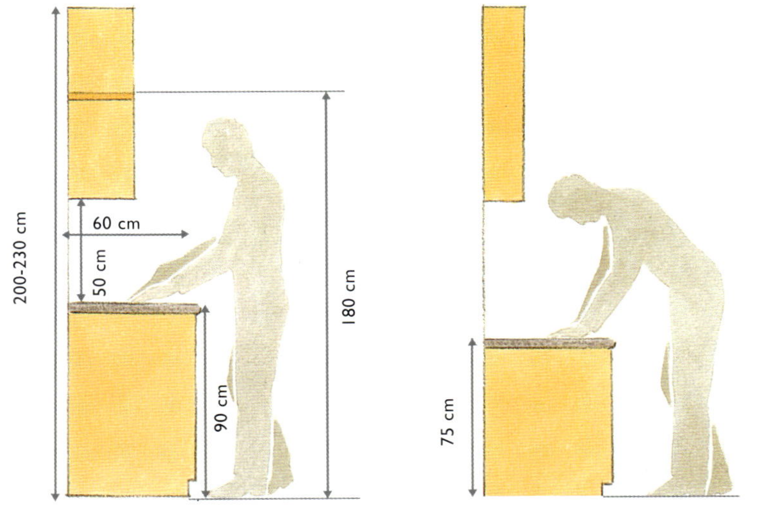

ERGONOMIE

La hauteur standard d'un élément bas est de 90 cm environ. Elle convient à la plupart des gens pour des tâches culinaires peu intensives. Pour les éléments hauts, les étagères peuvent être atteintes facilement jusqu'à une hauteur de 1,80 m. Rangez sur les étagères plus hautes les ustensiles dont vous vous servez rarement. Il est plus facile d'effectuer les tâches plus fatigantes (pétrir une pâte par exemple) sur une surface plus basse, disons de 75 cm environ.

LA CUISINE ÎLOT

Ce type d'aménagement ne convient qu'aux très grandes pièces car il faut de la place tout autour de l'îlot pour travailler et s'asseoir. Si la table de cuisson y est installée, prévoyez une hotte aspirante.

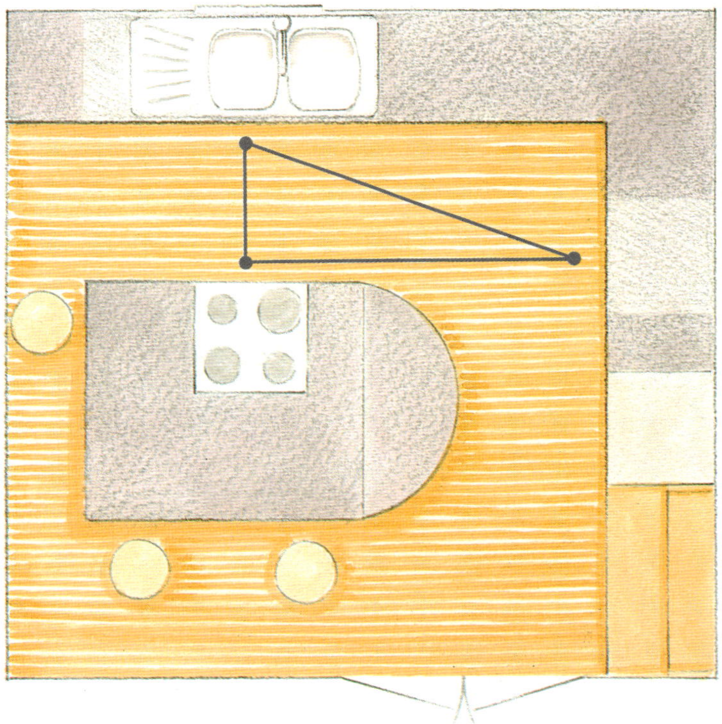

ERGONOMIE

- Il doit y avoir assez de place en chacun des points du triangle d'activité pour que vous puissiez travailler facilement. Prévoyez un espace pour poser les plats chauds près de la table de cuisson et du four, et assez de place près de l'évier ou du réfrigérateur pour poser une casserole ou un reste de nourriture.
- Choisissez plutôt des revêtements clairs pour le plan de travail et le sol dans et autour du triangle d'activité, car cela facilite les tâches et les déplacements.
- Variez la hauteur de vos plans de travail. Les tâches qui nécessitent des efforts musculaires intenses, comme pétrir une pâte, sont plus faciles si vous les effectuez sur une table plus basse que celles qui demandent une bonne coordination œil, main, comme hacher des aromates ou trier des légumes.
- Si vous êtes d'une taille inférieure à la moyenne, il vous sera plus facile de regarder à l'intérieur des casseroles si la table de cuisson est légèrement plus basse que la normale.
- Trop de hauteurs de plans de travail différentes risquent de donner une allure désordonnée à la pièce. Nous vous conseillons plutôt de baisser une rangée d'éléments en réglant la hauteur de leurs pieds derrière la plinthe ou de rehausser une rangée en ajoutant une planche à découper épaisse.
- Si vous avez une famille nombreuse et sans cesse affamée, installez le réfrigérateur à l'extrémité d'une rangée de placards. Les membres de la maisonnée pourront ainsi s'y servir sans gêner le travail du cuisinier ou de la cuisinière.

ÎLOT À TRÉTEAUX

Une table sur tréteaux placée au centre de la pièce est une alternative pratique et bon marché à un îlot intégré.

Aménagement de l'Espace - 2

froid. Puis demandez-vous si la distance entre deux de ces points n'est pas longue au point de passer votre temps à marcher ou, au contraire, si courte que tout aura l'air entassé. Demandez-vous aussi s'il sera possible de se croiser dans cette nouvelle cuisine et si vous n'allez pas bousculer les convives assis à table en passant à côté d'eux. Déterminez l'endroit où s'effectue l'essentiel du travail, ainsi aurez-vous une idée plus précise de l'emplacement du triangle d'activité. Ce n'est parfois pas réellement un triangle. En effet, si vous avez une « cuisine couloir », où un seul mur est aménagé, vos trajets s'effectueront eux aussi sur une ligne droite. Matérialiser le triangle d'activité est un excellent moyen de savoir si votre nouvelle cuisine sera ou non bien adaptée à vos besoins. Dans l'idéal, la distance entre chaque point du triangle devrait mesurer un peu plus d'une double longueur de bras, soit deux mètres environ. Si vous n'êtes pas satisfait de la position de votre espace de travail, que pouvez-vous faire ? Il est généralement sage de laisser l'évier à sa place, car des modifications importantes de la plomberie coûtent cher, et d'installer le lave-vaisselle et le lave-linge prés de l'évier. N'oubliez pas de vérifier qu'il est possible de charger le lave-vaisselle et d'utiliser l'évier simultanément.

PLAN DE CUISINE

La juxtaposition des styles contemporain et rustique peut être très réussie. ici, des éléments mélaminés s'harmonisent parfaitement avec des plans de travail et des meubles en bois massif. Enfin, le carrelage que l'on retrouve en revêtement du sol et des murs contribue à unifier le décor.

La faible hauteur de la cloison et le fait d'empiler les éléments bas deux à deux permettent à la lumière du jour de pénétrer plus profondément dans la pièce.

Un buffet séparé avec des portes en verre rend le coin « préparation » plus chaleureux.

Le carrelage en grès ne glisse pas. De plus, il est d'un entretien très facile.

La table est placée en dehors de la zone de travail proprement dite.

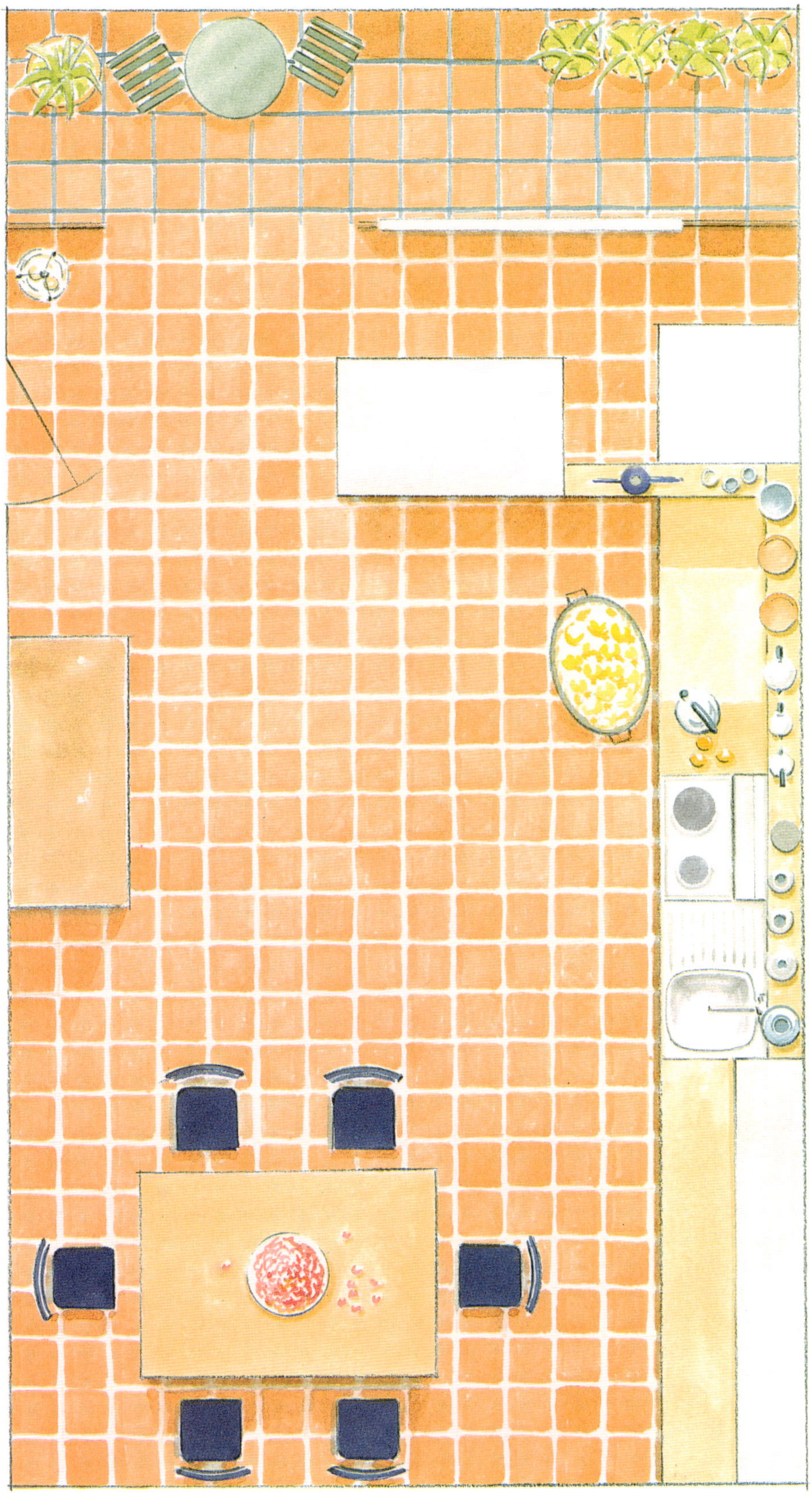

Dans toute cuisine, il est agréable d'avoir une ouverture sur l'extérieur. Si vous choisissez le même carrelage au sol dehors, vous aurez en outre un sentiment d'espace.

Zone d'activité.

Le fait d'installer des étagères étroites plutôt que des placards au-dessus de l'évier et de la table de cuisson libère de la place.

Four encastré sous l'élément bas.

Table de cuisson mixte gaz-électricité.

Évier à un bac.

Réfrigérateur intégré dans l'élément bas.

DÉTAILS PRATIQUES - 1

En théorie, un cuisinier devrait pouvoir travailler correctement dans une cuisine dans laquelle il y aurait seulement les ingrédients dont il a besoin, un plan de travail, un robinet d'eau, une source de chaleur, un couteau qui coupe bien et une série de casseroles. C'est cependant rarement le cas. De nos jours, même une cuisine très sommaire contient un gadget ou un appareil électroménager pour effectuer toute tâche possible et imaginable. Il n'a donc jamais été aussi long de choisir le bon matériel.

Pour le choix des appareils, une fois fixé le budget que vous voulez y consacrer, vous devez tenir compte de leur entretien, de leur consommation d'énergie et de leurs performances. Les choses sont encore compliquées par le jargon technique, la concurrence acharnée que se livrent les détaillants d'électroménager et la vitesse à laquelle les produits semblent dépassés.

L'une des premières décisions à prendre est de savoir si vous allez aménager votre cuisine autour d'appareils intégrés ou simplement encastrés. Les premiers se fondent davantage dans le décor et facilitent le nettoyage de la pièce, les seconds sont bien meilleur marché car ils n'ont besoin ni de carcasses ni de portes spéciales.

Si vous manquez de place, cherchez un lave-vaisselle et un réfrigérateur qui s'ouvrent et se ferment comme de grands tiroirs. Cela résout les problèmes des grandes portes qui se déploient dans d'étroits couloirs.

Les appareils combinés, comme les fours à micro-ondes qui font également office de fours à convexion et de grils, sont également une bonne idée. Si vous les utilisez avec un domino de cuisson, vous disposerez d'un point chaud d'un usage très souple et qui tire très bien parti d'un petit espace. Un four combiné peut également se révéler utile en tant que four supplémentaire si vous avez souvent un grand nombre de convives. Il est possible d'acheter un four double intégrable, l'un des deux éléments pouvant servir de four à micro-ondes. Il sera cependant plus pratique pour vous d'installer un four à micro-ondes séparé sous la table de cuisson. Assurez-vous dans ce cas que la ventilation est suffisante. Si vous ne vous servez de votre four à micro-ondes que pour faire réchauffer des plats ou du café, il paraît plus logique de le mettre près du réfrigérateur.

ÉLÉMENTS CLÉS

ÉCONOMISER L'ÉNERGIE ET LES AUTRES RESSOURCES NATURELLES

Les appareils électroménagers de cuisine comptent parmi les plus gros consommateurs d'énergie domestique. Quelques-uns (lave-vaisselle et lave-linge par exemple) ne peuvent fonctionner que si vous ajoutez des détergents puissants et de grandes quantités d'eau, ce qui génère une énorme quantité d'eaux usées. Il est bon de se rappeler que non seulement cela épuise les ressources de la planète, mais que cela vide aussi le porte-monnaie.

Les fabricants d'appareils électroménagers sont de plus en plus conscients des problèmes d'environnement. Ils s'efforcent de proposer des produits faisant un meilleur usage des ressources naturelles. Les réfrigérateurs et congélateurs sans CFC sont désormais courants. La plupart des lave-vaisselle sont équipés de capteurs qui contribuent à économiser l'électricité, les détergents et l'eau. Certains nouveaux modèles ne consomment que 20 litres d'eau, alors que les anciens en utilisent 40 par lavage. Les nouveaux détergents, plus concentrés pour limiter les emballages, contiennent moins d'éléments non biodégradables. Certains appareils de cuisine sont aujourd'hui fabriqués en plastique léger qui peut être recyclé.

Pour économiser de l'énergie, il ne suffit pas d'acheter le bon équipement. Il faut aussi le faire réviser régulièrement pour assurer un fonctionnement efficace. Il peut également être utile d'effectuer à la main certaines tâches au lieu de s'en remettre à des gadgets électriques. Enfin, il est amusant de constater que deux des techniques de cuisson les plus saines sont aussi celles qui consomment le moins d'énergie : en faisant sauter les aliments ou en les faisant cuire à la vapeur, vous utilisez des quantités réduites de combustible, d'huile et d'eau, et le résultat obtenu est délicieux.

LA FRAÎCHEUR DU BLEU *(à gauche)*

Les appareils électroménagers non intégrables ont meilleure allure s'ils sont glissés sous un plan de travail continu. Il n'est cependant pas idéal d'installer le lave-linge à côté du four, car le bruit et les vibrations engendrés par le premier ne créent pas de bonnes conditions de travail.

TROUVER L'ESPACE RANGEMENT

- Il est difficile de calculer exactement la surface de rangement dont on a besoin, notamment parce que le contenu de votre cuisine ne cesse de changer. Il existe cependant des façons d'organiser cet espace :
- Rangez les casseroles et ustensiles de cuisine près de la plaque de cuisson ou du four. Empilez les couvercles à part pour gagner de la place.
- Placez la vaisselle soit près de l'évier et du lave-vaisselle de façon à faciliter son rangement, soit près de l'endroit où vous mangez. Pour qu'elle reste propre, placez-la derrière des portes.
- Rangez les aliments dont vous vous servez tous les jours près de la zone de préparation des repas, dans un meuble à ouverture coulissante par exemple. Ne mettez les éléments encombrants ou lourds ni trop haut ni trop bas.
- Vous pouvez garder de petites quantités d'huile, d'épices et de condiments à portée de main dans des récipients en plastique étanches que vous poserez au-dessus de la table de cuisson. Évitez d'y placer de grandes quantités, car la chaleur les fait tourner rapidement.
- Essayez de prévoir une série de tiroirs dans votre cuisine et rangez-y les couverts, les petits gadgets, les serviettes de table, les torchons, etc.
- Les tiroirs socles sont pratiques pour ranger les moules à pâtisserie, les planches à découper et les ustensiles dont vous ne vous servez que rarement.
- Un placard haut peut servir à ranger les balais, une planche à repasser et l'aspirateur.
- Rangez toujours les médicaments et les produits chimiques dangereux dans un placard qui ferme à clé, loin des sources de chaleur.

LA BEAUTÉ DE L'ACIER

Un évier installé sur un îlot est plus facilement utilisable par plusieurs personnes à la fois. Veillez à ce que le sol soit antidérapant à proximité.

Détails Pratiques - 2

Un four à micro-ondes indépendant ne doit pas être encastré au-dessus d'un four traditionnel, car il n'est peut-être pas conçu pour supporter une très haute température. Vous pouvez, en revanche, le traiter comme n'importe quel petit électroménager et le poser sur un plan de travail ou le fixer au mur. Vous aurez peut-être envie d'avoir d'autres appareils (robot ménager, moulin à café, centrifugeuse...) sous la main. Si tel est le cas, vérifiez que votre plan de travail est grand et que l'espace entre les éléments hauts et les éléments bas est suffisant. Ne lésinez pas sur le nombre de prises de courant et évitez les prises multiples : elles sont aussi inesthétiques que dangereuses sur un plan de travail.

Le choix de l'évier et de la robinetterie est également primordial. Si vous manquez de place, préférez pour l'évier un seul grand bac à deux petits. Étudiez aussi des solutions intermédiaires, avec un bac et demi ou un bac trois quarts : il se peut qu'elles conviennent mieux à votre cuisine et à vos habitudes de travail. Quoi que vous choisissiez, vérifiez que l'un des bacs est assez grand pour y mettre un moule à gâteau sale ou la plus grande de vos casseroles. Choisissez les robinets selon votre goût et en fonction du style de la cuisine. Préférez néanmoins un modèle avec un bec haut, ce qui facilite le remplissage des grands récipients.

En matière de températures extrêmes, les cuisines souffrent davantage que les autres pièces de la maison. Les tables de cuisson, fours, chaudières et, dans une moindre mesure, les réfrigérateurs et congélateurs dégagent de la chaleur, mais vous aurez néanmoins besoin d'une autre source de chaleur pendant les mois les plus froids de l'année. Ce n'est pas un problème si vous disposez d'un chauffage central ou par le sol. À défaut, essayez de trouver un emplacement pour installer un radiateur électrique à réglage thermostatique. Outre sa fonction de chauffage, il pourra vous servir à faire sécher les serviettes et les torchons humides. En été, une cuisine dans laquelle fonctionnent plusieurs appareils peut être une vraie salle de torture. Si vous n'avez pas la chance d'avoir un système de climatisation ou de ventilation mécanique, essayez de faire des courants d'air en ouvrant des fenêtres à chaque extrémité de la maison.

Coin lessive ou buanderie

- S'il est facile de trouver un lave-linge dont la consommation d'eau et d'électricité est satisfaisante, rares sont les modèles conçus pour fonctionner silencieusement. Allez-vous supporter le bruit dans la cuisine ou préférez-vous installer l'appareil ailleurs ?
- Pour réduire les vibrations produites par un lave-linge, montez-le sur un socle en bois ou sur des patins en caoutchouc. La première solution ne convient pas si vous voulez le glisser sous un plan de travail.
- Certains revêtements de sol absorbent mieux le bruit que d'autres. Ainsi, le bois et le vinyle sont plus silencieux que le carrelage, la pierre et le métal.
- Avez-vous besoin de place pour faire sécher les vêtements ? Où rangerez-vous le séchoir lorsque vous ne vous en servirez pas ? Un séchoir fixé au plafond peut se révéler une solution pratique.
- Essayez de prévoir la place pour deux sacs ou corbeilles à linge : un pour le linge sale, un pour le linge propre.
- Suspendez les balais à des crochets prévus à cet effet, ou bien rangez-les dans un placard haut équipé de paniers tiroirs où vous mettrez les chiffons et produits d'entretien.
- Vous pouvez également ranger dans une buanderie les chaussures sur des étagères, mais aussi y placer la chaudière, le congélateur, un évier… Évitez d'y conserver de la nourriture, car la pièce sera probablement chaude et humide.

LE BLUES DE LA LESSIVE

Si vous avez la place, une buanderie séparée est un luxe appréciable. Cela supprime une importante source de bruit, de vibration et de condensation dans la cuisine.

Matières et Finitions

Ces dernières années, la variété des matériaux proposés pour l'aménagement des cuisines s'est largement accrue : si stratifié, bois massif et carrelage restent populaires, ils peuvent être associés, souvent de façon surprenante, à des nouveaux venus, tels l'acier inoxydable et les peintures écologiques.

C'est au niveau du plan de travail que l'essentiel de l'action se situe. Il doit donc être résistant à l'usure et facile à nettoyer, mais aussi supporter la chaleur, l'agression des couteaux et des éponges à récurer, et n'absorber ni les odeurs ni les taches. Aucun matériau n'est parfait sur tous les points dans une cuisine. Si le bois massif est chaleureux, agréable à regarder et vieillit bien, il faut l'huiler régulièrement et ne pas le laisser trop longtemps humide.

Les stratifiés sont bon marché, faciles d'entretien et existent dans toute une gamme de couleurs, mais on ne peut pas couper dessus ; le carrelage résiste à peu près à tout, sauf aux casseroles d'huile bouillante...

Il existe aussi des matériaux moins courants : le granit, lourd et coûteux, mais qui gardera son bel aspect poli quoi que vous lui fassiez subir ; les matières composites comme le Corian et l'Avonite, faciles à modeler et très résistantes aux brûlures et aux taches, doivent être installées par des professionnels et sont donc de ce fait chères ; enfin, les métaux comme le zinc et l'acier inoxydable sont superbes si vous les utilisez sous forme de plaques, et il est facile de leur garder une propreté immaculée.

CHAUD ET FROID *(ci-contre)*

La chaleur du bois et la froideur de l'acier inoxydable offrent un contraste spectaculaire dans une cuisine en double I.

TONS PÂLES *(ci-dessus)*

Avec leurs connotations d'hygiène et de pureté, le bois clair et les murs blancs sont une solution classique que l'on retrouve dans de nombreuses cuisines modernes. Une contrainte cependant : pour garder cet effet, tout doit être en permanence rangé et d'une propreté immaculée.

TIRER LE MEILLEUR PARTI POSSIBLE DES PLANS DE TRAVAIL ET DES PLACARDS

- Essayez de ne rien poser sur les plans de travail. Placez les ustensiles dont vous vous servez souvent (couteaux, égouttoir à vaisselle) sur des étagères ou des grilles murales. De nombreux petits appareils électroménagers peuvent aussi être fixés aux murs.
- Les plans de travail doivent être éclairés par-dessus pour faciliter la tâche et limiter les dangers. Installez des réglettes fluorescentes sous les éléments hauts ou sous les étagères.
- Vous pouvez exploiter le dessous des éléments hauts et des étagères en y fixant des tiroirs escamotables peu profonds, des rangées de crochets pour suspendre des tasses ou des corbeilles.
- Les portes de placards mélaminées peuvent être rénovées ou personnalisées en polissant la surface, puis en appliquant une couche de primaire appropriée avant de les repeindre au pinceau ou au rouleau avec une peinture à l'huile. Pour ce faire, installez-vous dans une pièce bien aérée.
- Utilisez le moindre centimètre carré de vos placards en y installant des grilles à verres, des supports d'assiettes ou autres accessoires clippés.
- Installez des éclairages intérieurs dans vos placards aux portes en verre.
- Les poignées de portes et de tiroirs ajoutent une note décorative aux placards. Choisissez-les donc en accord avec le style de votre cuisine. Optez pour des poignées assez grosses et faciles à attraper si la cuisine doit être utilisée par des enfants ou des personnes âgées.

LA CUISINE FRAÎCHEUR

Des éléments blancs font bien ressortir accessoires et meubles colorés.

Revêtement des Murs et des Sols

Pour choisir le revêtement de vos murs et de vos sols, les critères décisifs à retenir sont le confort, la durabilité, la facilité d'entretien, le prix et le respect de l'environnement.

Pour une fois, les options les moins chères sont aussi les plus faciles à poser et parmi les plus confortables. Fabriqué à partir de matières naturelles comme l'huile de lin, le liège et le chanvre, le linoléum se présente en dalles ou en rouleau. Ce matériau durable, chaud et doux au toucher, existe dans toute une gamme de coloris et s'adapte très facilement aux recoins compliqués.

Les sols vinyles ou en PVC que l'on appelle souvent « lino » à tort présentent la plupart des avantages de celui-ci, mais sans être aussi respectueux de l'environnement. Les dalles comme ses adhésifs dégagent en effet des vapeurs toxiques. Quant au bois et au liège, ils apportent à une pièce de la texture et une note de couleur subtile. Ils sont en outre résistants à l'usure, chaleureux, confortables et légers. Ils vieillissent mieux que le linoléum et le vinyle s'ils sont régulièrement vernis ou vitrifiés. Ils ne sont pas nécessairement très coûteux. On trouve facilement des dalles de liège, du parquet et des lattes de stratifié à des prix raisonnables.

Parmi les autres options pratiques, citons le carrelage (faïence ou grès), qui est très résistant à l'usure, aux taches et aux rayures. Cependant, son prix est parfois élevé, surtout si la surface à recouvrir est importante, et cet effort financier n'est pas forcément justifié car il est froid, bruyant, difficile à poser correctement et (c'est sans doute là son inconvénient majeur) simultanément dur et fragile. Les tommettes sont, en revanche, plus chaleureuses et elles vieillissent merveilleusement bien.

Les murs des cuisines sont soumis à de nombreuses agressions. La zone située derrière la table de cuisson doit être résistante à la chaleur et à la vapeur, et la partie de la crédence qui longe le plan de travail doit pouvoir supporter les éclaboussures et projections alimentaires. Les carreaux de faïence, le granit et l'ardoise, les plaques de métal ou de verre trempé et les peintures à l'huile sont les revêtements les mieux adaptés pour la crédence.

Le reste des murs vous laisse la possibilité de donner à la cuisine un certain cachet. Vous pouvez opter pour des lambris, qui isolent bien du bruit et offrent une texture intéressante. Ils cachent, en outre, les imperfections ou les tuyaux peu seyants. Le papier peint est une solution facile pour apporter une touche de couleur à la pièce. Les revêtements vinyles sont les plus faciles à nettoyer et les plus résistants.

LES SOLS

Des étagères ouvertes et un sol en tommettes *(en bas à gauche)* sont d'un entretien facile. Elles donnent à cette cuisine un aspect rustique et naturel.

Un sol vinyle en damier *(en bas au centre)* permet d'égayer une cuisine par ailleurs très sobre.

Un sol mélaminé imitation bois *(en bas à droite)* est un luxe abordable, même si vous aménagez votre cuisine avec un petit budget.

Les carrelages pour les sols et les murs présentent l'avantage d'exister dans une vaste gamme de coloris et d'offrir des possibilités infinies pour créer votre propre style *(à droite)*.

BUTTER
Meal

Les Éclairages de Cuisine

Si votre cuisine est inondée de lumière naturelle, profitez-en pour installer le plan de travail sous les fenêtres. Il vous faudra malgré tout un éclairage artificiel pour les jours de pluie et les soirées.

Dans une cuisine, il est nécessaire de prévoir des éclairages ponctuels pour que la lumière tombe devant vous et non derrière vous ou que votre ombre ne vienne pas obscurcir la zone où vous travaillez. Ils sont particulièrement indispensables au-dessus des plans de travail pour apporter une lumière vive et sans ombre. L'idéal est de fixer des réglettes fluorescentes sous les éléments hauts ou les étagères installés au-dessus du plan de travail. Le mieux est de les placer à l'avant des éléments. Prévoyez un bandeau pour ne pas être ébloui par l'éclat de la lumière.

S'il n'y a aucun élément haut ni aucune étagère au-dessus du plan de travail (dans le cas d'un îlot par exemple), installez un plafonnier directement au-dessus de la zone d'activité. Un éclairage général dirigé vers le sol n'a pas besoin d'être aussi puissant ni régulier qu'un éclairage ponctuel.

La lumière qui rebondit sur le sol contribue à éclairer l'intérieur des éléments bas. C'est l'une des raisons pour lesquelles nous vous recommandons de choisir un sol clair si la pièce est sombre. Pour l'éclairage général, encastrez des ampoules à basse tension dans le plafond ou fixez des rampes de spots. Si vous ne voulez pas toucher au plafond, optez pour des appliques à éclairage dirigé vers le haut.

Comme dans n'importe quelle pièce, l'éclairage d'une cuisine peut aussi être décoratif. Une rangée de petites suspensions au-dessus d'un plan de travail est tout aussi efficace qu'une rampe de spots fixée au plafond. L'éclairage d'une table peut être modulé à l'aide d'un variateur pour vous permettre de changer l'atmosphère de la pièce lorsque vous avez fini de travailler et qu'il est l'heure de dîner. La table est l'élément sur lequel vous pouvez réellement jouer pour donner à la pièce une note d'excentricité ou de théâtralité. Un chandelier suspendu au-dessus de la table donnera par exemple une note futile et chic à une pièce par ailleurs très fonctionnelle, tandis qu'un éclairage aux bougies crée une ambiance calme et sereine pendant le repas.

STYLES DE LUMINAIRES

Nous vous conseillons d'équiper les éléments à portes en verre d'éclairages intérieurs pour mettre leur contenu en valeur. La lumière du jour est toujours la moins fatigante pour travailler. Une suspension basse au-dessus d'une table peut créer une ambiance chaleureuse et douillette, mais il est préférable d'installer un variateur pour éviter la distraction causée par l'éclat de l'ampoule électrique. Dans le fond, des spots directionnels souvent utilisés pour éclairer des tableaux fournissent une solution intéressante pour des étagères très rapprochées.
Une suspension réglable en hauteur *(à droite)* peut être remontée pour éclairer l'ensemble de la pièce, ou baissée pour créer une ambiance plus intime. Une ampoule à couronne argentée produit un éclairage directionnel et n'éblouit pas car le filament est masqué. Il est également possible de régler la lumière du jour en jouant sur le store vénitien.

La Sécurité dans la Cuisine

- Placez les fours, plaques de cuisson et grils loin des fenêtres. Un courant d'air peut éteindre une flamme ou pousser les rideaux trop près d'une source de chaleur.
- Ayez toujours un extincteur ou une couverture à proximité des points de cuisson.
- Si vous avez des enfants en bas âge, installez votre four en hauteur ou choisissez un modèle dont la porte reste froide. Fixez une protection métallique autour de la table de cuisson pour empêcher les petits d'attraper les casseroles qui sont sur le feu.
- Fixez des taquets de blocage ou des serrures aux tiroirs et placards qui contiennent des outils tranchants, des produits chimiques, des objets fragiles et des appareils électriques. Mettez des protections d'angle en plastique sur les coins des meubles qui ne sont pas arrondis.
- Choisissez un revêtement de sol antidérapant. Si du liquide a été renversé par terre, épongez-le immédiatement.
- Mettez un antidérapant sous les tapis.
- Lorsque vous fixez des étagères sur des murs en plâtre, vérifiez que les vis pénètrent bien à l'intérieur du montant en bois. Fixez les bibliothèques au mur avec des équerres de sécurité.

Judicieux éclairages

Les plans de travail sont généralement éclairés par des sources lumineuses cachées sous des éléments fixés au mur. Créez de subtils effets de lumière en d'autres endroits de la cuisine pour éviter de vous fatiguer les yeux.

Des Rangements Créatifs

Cuisiner et manger sont deux activités qui semblent générer une quantité astronomique d'objets rarement utilisés : le service de vaisselle des grandes occasions, le robot ménager avec ses 15 types de lames, les gadgets reçus lorsque l'on a pendu la crémaillère. Il faut trouver de la place pour caser tout ça... et le reste !

Commencez par faire le tri. Passez en revue le contenu de vos placards, cela ne vous coûtera rien et vous permettra peut-être de gagner la place qui vous manque. Si vous n'arrivez pas à vous séparer de quelque chose dont vous ne vous servez jamais, emballez-le dans un paquet que vous étiquetterez clairement, puis mettez-le à la cave ou au garage. Seuls les ustensiles dont vous vous servez souvent méritent une place d'honneur dans la cuisine. Rangez-les à un niveau compris entre la hauteur des yeux et celle des genoux et placez les objets que vous utilisez moins souvent plus haut ou plus bas. N'oubliez pas de faire régulièrement le tri dans vos placards à provisions et de jeter celles dont la date limite de consommation est dépassée.

Étudiez ensuite la disposition actuelle de votre mobilier ou celle que vous envisagez. Il se peut qu'il y ait un espace étroit entre deux placards dans lequel vous pourriez installer des étagères ou un porte-bouteilles. L'espace compris entre les éléments bas et les éléments hauts est facilement exploité : la plupart des « cuisinistes » proposent des accessoires (tringles, grilles et crochets, bandes magnétiques) qui permettent de ranger à portée de main les couteaux et les autres instruments indispensables sans encombrer le plan de travail pour autant.

Les fabricants de cuisine font également preuve d'une imagination sans limites quant à l'agencement des placards et des tiroirs. Parmi les idées les plus utiles, citons les poubelles coulissantes à deux bacs ou plus (pour le recyclage des déchets), les range-couverts et les accessoires qui permettent de ranger facilement les sacs en plastique ou les tuyaux d'aspirateur. Les grands éléments bas, comme le meuble sous-évier, peuvent en outre être équipés de corbeilles ou de plateaux coulissants qui permettent d'accéder plus facilement à leur contenu. Vous pouvez retenir cette idée pour ranger votre linge de table ou les fruits et les légumes, mais surtout pour les produits chimiques, car cela réduit le risque de renverser les flacons.

ACCESSOIRES MURAUX

(à gauche)

Gardez à portée de main les ustensiles et les condiments dont vous vous servez souvent, grâce à un rail fixé au mur à proximité de la zone de préparation et de cuisson.

UN ÉCRAN DE VERRE

(en bas à gauche)

Ce placard vitré permet de ranger la vaisselle à proximité de l'endroit où l'on s'en sert. De par sa taille, il peut servir à compartimenter la pièce et à donner au coin repas une certaine indépendance.

UN FOND NOIR

(à droite)

Il est possible d'exploiter le côté d'un grand placard. On a ici aménagé des étagères étroites et des rails de suspension pour ranger ustensiles de cuisine, épices et condiments. La surface noire contraste agréablement avec le bois naturel et donne aux ustensiles en acier un nouvel éclat.

ÉLÉMENTS CLÉS

Idées de Rangement

- Installez une étagère étroite sous un élément bas pour y poser les flacons, pots d'épices et autres petits récipients.
- Au lieu de parsemer votre plan de travail de petits appareils électroménagers, groupez-les sur une solide étagère d'angle. Fixez-la à une hauteur qui vous permette d'utiliser à la fois l'étagère et l'espace en dessous.
- Il est possible d'aménager les socles des éléments bas en y installant des tiroirs où vous rangerez moules à gâteaux, récipients pour le congélateur et autres accessoires peu profonds.
- Dans la mesure où ils ne sont pas trop lourds, vous pouvez stocker casseroles et ingrédients dans des corbeilles, étagères et rails fixés au plafond. S'il y a un plan de travail en dessous, prévoyez un espace minimal de 90 cm et alignez système de rangement et plan de travail.
- S'il y a un espace entre la fin de la rangée d'éléments et la porte, profitez-en pour installer des étagères d'angle ou pour fixer des crochets au mur. Vous pourrez y mettre de jolis accessoires ou un bouquet de fleurs.

Une cuisine efficace

Si la cuisine, traditionnellement, réchauffe et nourrit, c'est également l'endroit où se déroulent bon nombre d'autres activités, tout aussi agréables. C'est peut-être là que vous faites votre partie de cartes hebdomadaire avec vos amis, que vos enfants se livrent à leur passe-temps préféré ou que vous plantez les graines pour vos plates-bandes de l'été suivant. Vous aurez également besoin de place pour des tâches plus ingrates, comme la lessive ou le règlement des factures. Le tout avec la radio ou la télévision comme fond sonore. Les enfants, les petits notamment, aiment beaucoup être dans la pièce où se trouvent leurs parents. Aussi passent-ils de longs moments dans la cuisine avec leurs jouets. Lorsqu'ils sont bébés, il faut trouver la place où caser la chaise haute. Vous pouvez la glisser sous la table lorsqu'elle ne sert pas, avec une caisse à roulettes dans laquelle vous garderez bavoirs, serviettes et jouets à portée de main. Lorsqu'ils grandissent, ils réquisitionnent souvent la table pour leurs activités artistiques. Une toile cirée dotée de poches à chaque coin pour les crayons et cahiers de coloriage peut se révéler utile. Vous pouvez placer le matériel de peinture dans un tiroir ou sur une étagère basse, afin que les enfants puissent facilement le prendre puis le ranger.

La préparation et la cuisson des repas génèrent de grandes quantités de déchets. Aussi la cuisine semble-t-elle le lieu tout indiqué pour leur recyclage, à moins bien sûr que vous ayez de la place dans un garage ou dans un coin du jardin. Le principal objectif d'une zone de recyclage est de faciliter le tri des déchets : les matières organiques pour le compost, les journaux, le papier blanc, les boîtes en aluminium, les boîtes de conserve, les ampoules électriques, la ficelle, les piles, les matières plastiques comme le PET, et les trois couleurs de verre les plus courantes : vert, brun et blanc, doivent être séparés avant de pouvoir être ramassés ou jetés.

Rangez les déchets fragiles dans des conteneurs rigides, comme des cartons ou des poubelles en polypropylène. Entreposez de préférence par terre ou près du sol les déchets les plus lourds, comme le verre et les journaux, de façon à pouvoir facilement glisser le sac ou le carton à l'arrière d'une camionnette. Vous pouvez stocker les autres poubelles sur des étagères, où elles prennent finalement peu de place : il faut un grand

nombre d'ampoules grillées pour remplir un carton ! Quant aux bouteilles en plastique et aux boîtes en aluminium, vous pouvez les écraser pour réduire leur volume. Les déchets dangereux, tels les produits chimiques par exemple, doivent de toute évidence être stockés dans des conteneurs inviolables.

Une étude américaine a récemment révélé que 80 % des cuisines servent aussi d'espace de travail. Si vous avez besoin de prévoir dans la cuisine un bureau supplémentaire pour travailler ou pour que vos enfants fassent leurs devoirs, essayez de l'installer loin de la zone de préparation des repas. Étudiez aussi son emplacement en fonction de la porte et de la fenêtre. Il est plus agréable de travailler à la lumière du jour. Si vous aimez bien faire vos comptes sur la table de la cuisine, il est toujours utile de prévoir un endroit pour ranger les papiers. Réservez un tiroir à cet effet ou un dossier accordéon qui vous permettra de classer les papiers par rubrique ou par mois.

Avec tout cela en tête, on oublie parfois que la cuisine est aussi une pièce de détente. Peut-être pourrez-vous trouver la place d'y mettre un bon fauteuil avec un éclairage ponctuel pour pouvoir lire un bon roman ou un billot à roulettes pour que deux personnes puissent travailler et bavarder en même temps.

Si vous souhaitez installer une télévision ou une chaîne hi-fi dans votre cuisine, placez-les loin de la table de cuisson et de l'évier, de préférence sur une étagère à hauteur des yeux, pour éviter les éclaboussures et projections d'aliments.

RECEVOIR À LA CUISINE

Exception faite des petites cuisines, faites en sorte, lorsque vous choisissez votre mobilier, de pouvoir y improviser un dîner pour huit personnes. Choisissez tout d'abord une table à rallonges ou un comptoir à rabats, de façon à pouvoir passer d'un coin repas pour quatre à une tablée de dix personnes. Optez pour des chaises empilables ou pliantes. Vous stockerez celles dont vous ne vous servez pas tous les jours dans une autre partie de la maison, ou vous les suspendrez au mur à l'aide de crochets si elles ne sont pas trop lourdes.

Vous pouvez aussi utiliser des chaises habituellement placées dans une chambre ou un salon. Les fauteuils en rotin comme ceux que vous voyez sur la photo ci-contre sont assez compacts pour se glisser sous une table. Peut-être aurez-vous besoin de coussins pour rehausser l'assise. Même le dîner le plus improvisé prend un air de fête si la table est dressée en conséquence. Rangez les journaux et magazines et les devoirs des enfants, mettez une jolie nappe ou des sets de table et égayez le tout avec une coupe de fruits ou un bouquet de fleurs.

MANGER À LA CUISINE

Les avantages sont évidents : la préparation et la cuisson du repas deviennent une expérience partagée et non plus la corvée d'une seule personne ; apporter la nourriture à table demande beaucoup moins d'efforts ; enfin, l'espace gagné en ne créant pas de salle à manger séparée peut être utilisé autrement.

Lorsque vous choisissez votre mobilier de cuisine, prenez votre temps. Il doit être confortable, car vous pouvez passer plusieurs heures assis sur la même chaise au cours d'une journée. Les tables notamment doivent être robustes. Choisissez des surfaces faciles à nettoyer et des sièges suffisamment solides pour que l'on puisse monter dessus mais aussi s'appuyer confortablement au dossier. La table doit être assez grande pour que chacun ait de la place autour de son assiette. On doit, en outre, pouvoir en faire le tour, même si elle est poussée dans un coin de la pièce.

Vous pouvez aussi choisir des bancs ou des banquettes. S'ils sont moins faciles à déplacer, ils permettent d'accueillir un nombre varié de convives. De plus, il est souvent possible d'utiliser leur partie inférieure comme rangement.

Ce sont souvent les styles les plus simples qui donnent les meilleurs résultats dans les cuisines. Vous pourrez toujours les rendre plus sophistiqués en jouant sur le linge de table et les accessoires lors des grandes occasions. Si vous voulez donner plus de cachet à un coin repas, essayez de trouver la place d'y installer un buffet ou un bahut, sur lequel vous pourrez éventuellement poser quelques objets décoratifs.

À CHAQUE CUISINE SA PERSONNALITÉ

Si la table est à côté d'une zone d'activité, glissez bien les chaises en dessous lorsque vous ne vous en servez pas *(à gauche)*.

Un sol à damier et des murs rouges : voici une cuisine accueillante à forte personnalité *(à droite)*. Une suspension basse au-dessus de la table donne de la clarté à une pièce qui aurait pu paraître un peu sombre.

Les cuisines doivent également subir l'assaut constant de personnes à la recherche d'un en-cas. C'est là qu'un comptoir ou une table pliante se révèle particulièrement utile. L'idéal est de le placer à proximité du réfrigérateur et du four à micro-ondes, mais pas dans les jambes du cuisinier de service.

ÉLÉMENTS CLÉS

Tissus et Finitions

- Les tissus permettent d'adoucir l'atmosphère d'une pièce où abondent souvent les surfaces dures et brillantes. Ils peuvent aussi égayer un thème très sobre ou apporter une note de fraîcheur à une pièce qui paraît trop sombre ou trop chaude.
- Les tissus sont de fabuleux accessoires : vous pouvez nouer des coussins sur les chaises ou les recouvrir d'une housse ; serviettes, panières doublées et autres sont autant de détails qui habillent une table ou un comptoir.
- Un tapis permet de bien définir le coin repas dans une grande cuisine. Choisissez-en un avec un petit motif ou une texture irrégulière, les taches ressortiront moins. Les tapis à fibres courtes, non bouclées et serrées sont les plus faciles à brosser.
- Pour habiller les fenêtres de votre cuisine, optez pour une solution très simple et pratique. Un store à enrouleur plastifié ou des rideaux faciles à décrocher, dans un tissu d'un entretien aisé (coton, calicot, toile et filets).
- Rangez votre linge dans un tiroir parfumé pour qu'il n'absorbe pas les odeurs de nourriture. Une étagère ou un rebord de fenêtre est un endroit pratique pour ranger les serviettes de table de tous les jours et les condiments.

UNE JOLIE VUE

Il est agréable de lire ou de travailler sur une petite table installée à côté d'une fenêtre. Il est aussi sympathique d'y déjeuner en tête à tête.

Une Pièce à Vivre

L'idée de pouvoir bavarder avec votre famille ou vos amis tout en cuisinant paraît à priori formidable, mais vous n'aurez peut-être pas envie que vos invités sachent que le dîner que vous allez leur servir vient de chez le traiteur d'à côté ! En outre, vos amis auront peut-être du mal à se détendre s'ils voient un plan de travail plein de vaisselle sale et de détritus. Il est certain qu'il n'est jamais aussi agréable de faire la cuisine, de manger et de se détendre que lorsque ces trois plaisirs peuvent être combinées, mais il n'y a néanmoins rien d'attirant dans une cuisine qui ne vous permet de faire aucune de ces activités correctement.

Le secret d'une cuisine agréable à vivre tient inévitablement dans sa dimension. Chacun doit avoir la place de s'y sentir bien et à l'aise. La place nécessaire dépend de l'utilisation que l'on fait de la pièce. Un petit coin repas pour manger en famille est beaucoup plus facile à aménager qu'une salle de séjour multiusage, avec salon et télévision.

L'aménagement idéal est celui dans lequel les zones de préparation culinaire, de repas et de détente sont visuellement liées tout en étant clairement distinctes. Peut-être la forme de la pièce suggère-t-elle une ligne de démarcation naturelle ; une fenêtre ou une alcôve peuvent être un bon emplacement pour une table ou un canapé, parce que la zone d'activité de la pièce reste dégagée. Si vous avez décidé d'abattre une cloison pour agrandir la cuisine, vous pouvez en garder une partie (poutre, arche) pour définir chaque coin de la pièce.

OPTER POUR LA SIMPLICITÉ
(en haut à gauche)

Ce sont les petites touches finales qui font toute la différence. En plaçant la table près de la fenêtre, vous la séparez du reste de la cuisine tout en donnant au coin repas une ambiance particulière.

La peinture « tableau noir » est un revêtement mural pratique *(en bas à gauche)*, en particulier si vous avez de jeunes enfants. Les adultes eux-mêmes auront du mal à résister à la tentation d'y gribouiller quelque chose de temps en temps.

La table métallique et les abat-jour en aluminium établissent un lien visuel entre le coin repas et le reste de la cuisine *(à droite)*.

ÉLÉMENTS CLÉS

L'Entretien des Surfaces de Cuisine

- Pour nettoyer les surfaces mélaminées, prenez du liquide vaisselle ou tout autre détergent qui ne raye pas. Il est difficile d'éliminer les rayures sans endommager davantage encore la surface.
- Essuyez le bois massif et les surfaces vernies régulièrement avec un chiffon légèrement humide. Tous les six mois, passez un produit à base d'huile de lin pour les protéger de l'humidité et des taches. Vous pouvez enlever ou du moins minimiser les traces de brûlure et les rayures avec du papier de verre.
- Les murs et les placards peints peuvent être lavés avec un détergent qui ne raye pas et un chiffon doux.
- Ce sont les nettoyants abrasifs liquides qui sont les plus efficaces pour l'acier inoxydable. Utilisez-les dans le sens du grain du métal et rincez bien à l'eau froide. Attention : un contact prolongé avec un détergent contenant un décolorant ou avec des objets en acier au carbone corrode le métal.
- Nettoyez les carreaux de faïence émaillée et les mosaïques avec un chiffon humide. Quant aux tommettes et aux dalles de pierre, cirez-les ou huilez-les après les avoir posées. Répétez cette opération tous les ans pour les protéger des taches.
- Pour les planches à pâtisserie en marbre, utilisez un nettoyant non acide. Les taches se voient forcément moins sur les marbres foncés.
- Enfin, sur l'ardoise et le granit, les taches et les rayures peuvent être éliminées avec du papier de verre.

CHAPITRE 3

CHAMBRES

Une chambre sert avant tout au repos et à la détente. Une décoration sobre, tout en douceur, avec des couleurs tendres et des rangements judicieux permet de créer un environnement sain, dans lequel vous dormirez bien.

Jouez la carte romantique avec un éclairage étudié, du linge frais bien repassé et ces petits détails qui font toute la différence : un bouquet de fleurs, un pot-pourri... Bannissez les moquettes pour déclarer la guerre à la poussière. Décapez votre parquet, ajoutez un tapis ici et là et laissez suffisamment d'espace sous le lit pour qu'il puisse respirer.

Vous trouverez dans ce chapitre quelques ingénieuses solutions de rangement et des conseils pour habiller vos fenêtres et parer votre lit. Nous proposerons enfin quelques solutions d'aménagement de l'espace à ceux d'entre vous qui vivent dans un studio, avec notamment quelques réflexions sur le mobilier modulable.

Une Chambre Romantique

Le romantisme étant davantage un état d'esprit qu'un style décoratif particulier, nulle règle ne précise qu'une chambre doit être ornée de fanfreluches féminines pour paraître romantique. S'il est vrai que la chambre à coucher romantique séduit davantage les femmes que les hommes, nombre de solutions décoratives permettent de créer une pièce sensuelle et agréable sans pour autant qu'elle soit tarabiscotée. En matière de décoration, comme dans la vie, tout est question d'intuition et reste lié au plaisir que l'on peut prendre à associer objets attrayants et surfaces.

Les superpositions de couleurs et de textures sont la clé de la réussite d'une chambre à coucher romantique. Associez oreillers et duvets aux dessus-de-lit et aux coussins. Les dessertes sont agrémentées de livres, de photographies, de bibelots et de fleurs. À la fenêtre, un simple rideau est doublé d'un voile à motifs retenu par des embrasses aux coloris contrastés. Afin de conserver une certaine harmonie, optez pour une gamme restreinte de coloris et regroupez les objets par collection.

DOUCEUR *(ci-dessus)*

Le style campagnard suédois revêt naturellement un caractère romantique, avec des lambris en bois chaud et un dais de lit en dentelles.

DÉCOR POUR LA NUIT *(à droite)*

Pour être romantique et accueillante, une chambre ne regorge pas nécessairement de dentelles et de mousselines blanches. Un mur au coloris audacieux et un simple paravent constituent une toile de fond parfaite pour les draps de lit aux riches textures recouvrant ce lit haut.

Une Chambre simple

C'est dans une chambre à coucher au décor simple que nous pouvons fuir le stress de la vie quotidienne. Havre de paix, elle est conçue pour apaiser les sens et calmer l'esprit : les distractions inutiles y sont bannies. Coloris, motifs et mobilier sont minimalistes et les surfaces, choisies pour leur beauté intrinsèque, ne sont pas encombrées d'objets. Cependant, la chambre ne doit pas ressembler à une cellule de moine : ambiance et confort demeurent de règle.

Le contraste des textures et des formes constitue l'essentiel de la décoration, coloris et motifs ne jouant ici qu'un rôle restreint. On pourra, par exemple, opter pour un chevet arrondi dans une chambre cubique, ou parer un lit rustique de draps brodés blancs. Les coloris des chambres simples ne sont pas nécessairement des blancs ou des nuances neutres : une touche de couleur sombre ou vive permet d'éviter que ce type de pièce ne paraisse terne ou délavée.

Calmer les esprits

Une décoration tarabiscotée ou complexe convient rarement aux architectures théâtrales. Le mobilier de cette chambre à coucher mansardée *(ci-dessus)* a été choisi pour son confort discret. Des rideaux réduits à leur plus simple expression mettent en valeur le caractère des fenêtres.

Pour les plus petites chambres, on préférera un mobilier simple créant une impression d'espace *(à droite)* ; les rangements sont aménagés en conséquence dans la table de chevet, dans la commode, dans la banquette sous la fenêtre ou sous le lit.

Chambre et santé

L'aménagement d'une chambre à coucher doit tenir compte des questions de santé et de bien-être. Nous préférons dormir dans une pièce éloignée des bruits et des lumières de la rue et plaçons instinctivement le lit afin de voir quiconque pénètre dans la pièce. De plus, une chambre éclairée par les rayons du soleil levant permet un réveil plus naturel.

Les matelas les plus sains sont constitués de fibres naturelles comme le coton ou la laine. Évitez les matelas en mousse de polyuréthane, qui, en cas d'incendie, dégagent une fumée très toxique. De nombreux matelas sont traités avec un produit ignifuge contenant du formaldéhyde, souvent à l'origine d'allergies. On pourra réduire les émanations en recouvrant le matelas d'une couverture en laine.

Les sommiers équipés de ressorts métalliques accumulent au fil du temps une faible charge électrique et émettent des champs électromagnétiques qui peuvent perturber le sommeil. Il est possible d'en réduire les effets en utilisant une alèse spéciale.

Les peintures peuvent être des sources durables d'émanations toxiques, que la peinture soit récente ou non. Limitez au maximum l'utilisation de peintures à l'huile brillantes dans la chambre à coucher : préférez des peintures émulsions à base d'eau pour les murs et des vernis ou des cires naturelles pour les boiseries et les planchers. Sachez également que les draps « indéfroissables » sont souvent traités au formaldéhyde. Équipez les fenêtres de rideaux sobres et évitez les accumulations d'objets décoratifs, car ceux-ci amassent la poussière, autre source d'allergies.

Une chambre à coucher surchauffée n'est pas saine : une température de 13 à 15 °C est idéale pour la plupart des adultes. Rajoutez deux ou trois degrés si la chambre est occupée par des enfants en bas âge ou des personnes âgées ou si vous souffrez de troubles respiratoires comme l'asthme.

COULEUR NATURELLE
(à droite)

Dormir dans des draps en fibres naturelles est aussi salubre qu'agréable. Utilisez un linge de maison et des couvertures aux teintures naturelles ; les coloris les plus fréquents sont le jaune, l'orange et le gris, mais diverses nuances de violet ou de bleu sont également disponibles. Pour peindre le mobilier, utilisez des produits à base d'huiles végétales ou minérales.

LA CHAMBRE ANTI-ALLERGIES

- Achetez de préférence du linge de maison en fibres naturelles non traitées. Avant de les utiliser, lavez les draps avec une lessive non biologique.
- Si vous êtes sensible au duvet naturel des édredons, essayez le kapok ou des draps et des couvertures 100 % coton.
- Si vous êtes allergique aux matelas en laine, utilisez des matelas en mousse de latex.
- Luttez contre la poussière et les mites en utilisant un sommier à lattes de bois. N'entreposez rien sous le lit, afin de faciliter l'évaporation de l'humidité des draps et du matelas.
- L'autre solution consiste à utiliser un lit futon dont on roule ou plie le matelas durant la journée.
- Retournez les duvets et les couvertures pendant la journée.
- Cirez ou peignez les planchers à l'aide de produits organiques. Si vous préférez la moquette, celle-ci doit être 100 % laine. Les moquettes sont parfois traitées contre les mites et les salissures : nettoyez-les à la vapeur d'eau douce immédiatement après leur pose.
- On choisira de préférence des meubles en matériaux naturels aux peintures ou vernis non toxiques.

MATÉRIAUX NATURELS

Il n'est pas toujours nécessaire de rajouter des couleurs dans une chambre, et plus particulièrement quand les matériaux naturels créent des contrastes attrayants.

Aménagement de l'Espace

Les chambres à coucher sont rarement vouées exclusivement au sommeil : elles servent souvent aussi de bureau, de salon, voire de salle de gymnastique. Ces nombreuses fonctions dévolues à un espace parfois à peine plus grand que le lit requièrent un aménagement soigneusement conçu.

Dans une chambre de taille moyenne, l'emplacement du lit — souvent le meuble le plus encombrant — doit permettre de libérer le maximum d'espace.

La solution qui consiste à coincer le lit dans un angle présente plusieurs inconvénients : d'une part, l'utilisation du lit par deux personnes est malaisée, d'autre part, une seule table de chevet pourra être installée. Cette disposition se révèle cependant idéale dans le cas d'un lit pour une personne, surtout si celui-ci est encastré dans un mur placard.

Les choses se compliquent par le fait qu'il faut souvent prévoir dans la chambre à coucher les rangements nécessaires à de grandes quantités de vêtements, de chaussures et de linge de maison. Commodes, placards et autres coiffeuses sont utiles, mais la solution souvent la plus pratique — les placards encastrés — n'est pas toujours la plus séduisante, car un vaste placard encastré risque aisément d'écraser une petite chambre.

Une autre solution consiste à créer un dressing séparé du reste de la pièce par des paravents ou une cloison. Sa construction est moins complexe qu'il n'y paraît : un mur non porteur est aisément construit avec des lattes de bois et des planches en plâtre disponibles dans les magasins de bricolage. Ce faux mur peut être inséré dans des espaces remarquablement restreints (*voir le plan*). Ce type de rangement, dissimulé mais ouvert, permet de faire l'économie d'une porte gourmande en espace. Les paravents pliants sont disponibles dans le commerce mais vous pourrez également les fabriquer avec des planches d'aggloméré et les décorer à votre goût.

PLAN DE LA CHAMBRE

Une cloison dissimule le dressing et les rangements pour vêtements. L'intervalle entre les placards et le mur doit être au moins de 60 cm de large.

Des lampes fixées au mur permettent l'utilisation de tables de chevet plus petites.

Placez un miroir sur une commode pour la transformer en coiffeuse.

Un matelas peut être utilisé comme siège supplémentaire.

Planchers et tapis en coton limitent l'accumulation de la poussière.

GRENIER LAMBRISSÉ

Un mobilier aux lignes délicates, des textiles légers et un lambris recouvrant murs et plafond créent une impression d'espace dans cette chambre mansardée.

L'AMÉNAGEMENT DES CHAMBRES EXIGUËS

En ce qui concerne ce type de chambre, l'idéal consiste à trouver un moyen de rendre le lit moins apparent. Le canapé-lit ou le futon, qui se déplie ou se déroule, est une solution envisageable. Ce type de couchage libère durant la journée l'espace normalement réservé au lit. Mais si l'on souhaite se reposer durant la journée, il faudra débarrasser l'espace requis par le lit ; en outre, faire et défaire le lit deux fois par jour, et cela tous les jours, devient vite fastidieux.

Une autre solution consiste à surélever le lit sur une plate-forme, ce qui accroît l'espace au sol, le lit demeurant en outre dissimulé. Une telle plate-forme de couchage requiert une hauteur sous plafond minimale de 2,50 m.

MOBILIER ENCASTRÉ

- Lors de l'achat d'une penderie, rappelez-vous que manteaux et robes requièrent une hauteur de 1,50 m, chemises et vêtements non coordonnés une hauteur de 1 m. Si l'espace dont vous disposez ne permet de poser qu'une seule tringle, fixez-la à une hauteur de 1,70 m et installez, sous les vêtements suspendus, des étagères à chaussures, des tiroirs à roulettes ou des boîtes superposables.
- Idéalement, la distance entre la façade de l'armoire et les autres meubles doit être au minimum de 60 cm. Cette distance peut être réduite si l'armoire est munie de portes coulissantes ou pliantes.
- Prévoyez de nombreux tiroirs et étagères pour ranger lainages, tee-shirts, chaussettes, sous-vêtements et draps de rechange. En règle générale, réservez aux tiroirs et aux étagères un espace un peu plus important que celui prévu pour la penderie.
- Les cravates et les ceintures seront suspendues à des crochets fixés à l'intérieur des portes de la penderie encastrée.
- Des espaces peu profonds comme les alcôves pourront être transformés en penderies en y insérant des placards de 35 cm de profondeur.
- Si possible, optez pour des placards couvrant le mur du sol au plafond. Utilisez les étagères supérieures pour ranger les vêtements rarement utilisés ou ne correspondant pas à la saison. Protégez ces derniers en les glissant dans des sacs fermés ou des boîtes à couvercle.

ANGLE EXIGU

Des tiroirs glissés sous une banquette de fenêtre ou un lit contribuent à la rationalisation du rangement dans les petites chambres.

Le Soin du Détail

QUADRILLÉ

Si vous associez plusieurs motifs *(ci-dessus)*, veillez à ce qu'ils partagent les mêmes coloris. Le coloris attrayant des draps a inspiré la combinaison de couleurs utilisée *(à droite)*. Un rideau transparent préserve l'intimité sans assombrir la pièce *(à l'extrême droite)*. L'embrasse est faite de bandes de tissu cousues sur une longueur égale à trois fois la distance de la tringle de rideau au sol. Le tissu est plié dans la longueur, cousu le long du bord le plus long puis retourné à l'envers. Les extrémités sont égalisées et cousues avant la réalisation du drapé.

Si décider de la couleur des murs de la chambre à coucher se révèle difficile, pourquoi ne pas choisir un motif ? Même l'humble damier peut constituer une source d'inspiration féconde.

Ici, il est présent sous diverses formes et dimensions : le croisillon du chevet est répété sur le couvre-lit et évoqué par les lambris carrés couvrant la partie inférieure des murs. Les coloris des draps ont inspiré les couleurs des murs et du rideau.

L'utilisation de motifs comme éléments décoratifs est souvent considérée comme risquée et difficile : afin d'éviter les écueils, optez pour des formes linéaires et géométriques, tels les damiers ou les rayures classiques, ou couvrez toutes les surfaces d'étoiles ou de pois. Si vous n'avez jamais utilisé de motifs auparavant, commencez par en rajouter dans une pièce aux coloris unis. L'introduction du motif sous forme d'accessoires ou de tissus d'ameublement avivera un angle terne.

Essayez ensuite d'associer, comme ici, plusieurs tailles et styles du même motif. Le secret consiste à n'utiliser qu'une gamme restreinte de coloris, afin d'obtenir un résultat final attrayant, sans pour autant écraser la chambre.

Comme la couleur, le motif peut être utilisé soit comme ponctuation du thème décoratif, soit comme son élément principal ; il permet principalement d'atténuer les surfaces importantes tels le lit ou le sol. Les dimensions et l'échelle du motif sont autant d'éléments décisifs : les grands motifs, comme les couleurs vives, attirent le regard vers l'intérieur, faisant ainsi paraître plus douillette une grande pièce. Mais, plus excitants qu'apaisants, ils ne conviennent pas toujours à une chambre à coucher. Les petits motifs, qui semblent disparaître dans le lointain, sont utiles pour « agrandir » une petite pièce mais pourront paraître ternes et insignifiants, à moins de les intégrer dans une combinaison de coloris inhabituelle.

Le Rangement

RANGEMENTS ORDONNÉS

Les systèmes à éléments modulaires *(à gauche)* constituent une solution idéale quand il s'agit de ranger une grande diversité d'objets dans une même pièce. Les vêtements et les chaussures régulièrement utilisés devront rester à portée de main ; rangez le linge de maison de rechange et les effets moins souvent utilisés sur les étagères supérieures. Un élément de rangement à roulettes sera utile pour le linge sale.

L'armoire équipée *(à droite)* constitue un système de rangement classique. Après avoir fixé les tringles à la hauteur souhaitée, l'espace restant pourra être alloué aux étagères et aux tiroirs. Les grandes étagères sont garnies de boîtes ou de paniers offrant un rangement rationnel, tandis que sur des crochets et des patères fixés aux portes et aux murs l'on accrochera les accessoires, ceintures, cravates et foulards.

Peu importe où vous rangez vos vêtements : penderies ou tringles apparentes, placards encastrés ou collections d'armoires *ad hoc*, l'essentiel, c'est l'organisation des espaces de rangement. Celle-ci doit être suffisamment souple pour s'adapter aux fluctuations du nombre de vos effets.

Examinez d'abord ce qui doit être rangé. Regroupez les effets analogues, tels les lainages et les vestes, puis répartissez chaque catégorie en trois groupes : les vêtements que vous utilisez, ceux qui ne correspondent pas à la saison et enfin ceux qui n'ont pas vu la lumière du jour depuis un an ou davantage. Seul le premier groupe devrait être rangé sur vos tringles et étagères. Le second groupe pourra être entreposé, dans des sacs fermés, sur la penderie jusqu'à la prochaine saison. Enfin, débarrassez-vous du dernier groupe, sauf raison majeure.

La plupart des vêtements peuvent être rangés de diverses manières. Lainages, jeans et tee-shirts, par exemple, trouveront place dans des paniers, des tiroirs ou sur des étagères. La méthode de rangement choisie dépend de votre budget et de l'espace disponible, mais veillez à pouvoir déplacer facilement les tringles et les étagères.

ÉLÉMENTS CLÉS

L'Entretien des Vêtements

- Les vêtements se suspendent à des cintres en bois ou en plastique. Les cintres en fil de fer présentent l'inconvénient de se plier aisément et de faire des accrocs. Les cintres rembourrés sont conçus pour éviter la déformation des étoffes délicates comme la dentelle et la soie.
- Boutonnez chemises, vestes, chemisiers et jupes pour éviter les faux plis. Les pantalons ne sont pas boutonnés, mais pliés le long des plis.
- Évitez de ranger les vêtements dans des sacs en plastique durant de longues périodes, car les produits chimiques contenus dans le plastique peuvent infiltrer le tissu. Pour lutter contre les mites, enveloppez les vêtements dans du papier de soie.
- Les effets de petite taille, comme les chaussettes et les bas, se rangent dans des boîtes, des paniers ou des tiroirs cloisonnés. Les bijoux se mettent dans des boîtes ou des tiroirs dotés de compartiments doublés de tissu.
- À l'exception des chaussures de sport et des sandales, toutes les chaussures doivent être rangées dans des casiers ou des boîtes doublées de papier de soie. Ne portez pas deux jours de suite la même paire de chaussures, cela l'empêche de sécher et de reprendre sa forme.
- Les nécessaires de couture et de cirage doivent demeurer à portée de main et être bien approvisionnés.

UNE PLACE POUR CHAQUE CHOSE

Équipez les armoires de plain-pied d'étagères en bois posées sur des tasseaux ainsi que d'étagères en grillage accrochées à des tringles.

Mobilier modulable

Puisque le lit occupe souvent la plus grande partie de la superficie de la chambre à coucher, le reste du mobilier doit se caractériser par sa facilité d'utilisation dans un espace restreint.

La ruelle du lit est, en général, tout juste assez large pour s'y déplacer ; l'espace restant est communément consacré à d'autres activités, comme l'habillage, la détente, l'étude ou la gymnastique. Cela implique un mobilier compact, léger et modulable qui créera un agréable contraste avec la massivité du lit.

L'avantage manifeste qu'offre un mobilier compact, c'est de pouvoir être installé dans les angles exigus. Une table de chevet de 30 x 40 cm présente une surface suffisante pour y poser un réveil, un verre d'eau et quelques livres.

Si l'espace de rangement se révèle trop restreint, il est judicieux d'utiliser de petits meubles de bureau à tiroirs ou des étagères plutôt qu'une table conventionnelle. L'assise d'un tabouret ou d'une chaise, pourvu qu'elle soit suffisamment plane, pourra le cas échéant faire office de table de chevet. Des chaises pliantes ou empilables conviennent d'autant mieux.

Un mobilier facile à déplacer permet, en outre, une meilleure gestion de l'espace disponible. Dans la chambre à coucher d'un studio, un rangement à roulettes servira par exemple de table basse durant la journée et de table de chevet durant la nuit. Si vous consacrez une partie de l'espace de la chambre à une autre activité, à l'habillage ou au travail, un paravent crée instantanément une cloison qui permet également de dissimuler l'inévitable désordre. Un paravent ajoutera en outre une note d'élégance à une pièce de petite taille ou pleine de recoins. En effet, sa forme ondulatoire donne une certaine personnalité à un espace par ailleurs sans intérêt architectural. S'il est de hauteur suffisante, vous pourrez aussi le placer devant la fenêtre en guise de rideaux. Si vous n'avez pas l'intention de rester longtemps dans votre logement, cela peut vous permettre de ne pas dépenser d'argent pour des stores ou des rideaux.

Pour définir les limites d'un coin bureau ou vestiaire de façon plus permanente, vous pouvez utiliser des étagères qui présenteront en outre l'avantage de fournir un espace de rangement. Cherchez alors un modèle qui soit esthétique quel que soit l'angle sous lequel on le

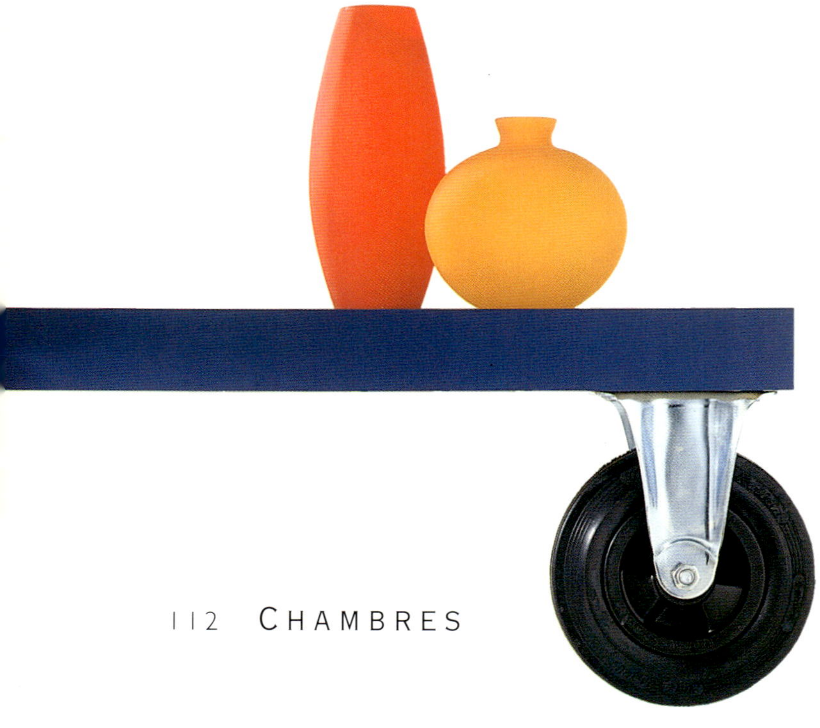

regarde, et pas seulement vu de face. Nous vous recommandons les ensembles d'étagères ou les casiers sans portes car ils laissent passer la lumière et permettent quelques coups d'œil furtifs vers l'autre côté de la séparation. Si vous optez néanmoins pour un meuble plein, faites en sorte que le dos se fonde dans le reste de la pièce, en le peignant de la même couleur que les murs par exemple, ou en l'utilisant comme panneau d'affichage.

Les rangements peuvent aussi être déplacés : chariots à desserte et plateaux se révèlent précieux lorsqu'il s'agit de ranger un grand nombre de petits objets comme les produits de toilette ou les articles de bureau. Les casiers roulants remplaceront avantageusement les étagères dans une vieille armoire de plain-pied. Si vous ne possédez pas de coffre à couvertures, rangez la literie dans des paniers ou des caisses. Sacs à linge sale et valets non utilisés seront pliés et entreposés à l'abri des regards. Si vous possédez des armoires ou des étagères hautes, un escabeau pliant sera utile.

Les meubles polyvalents permettent une grande souplesse d'utilisation. Des fauteuils en osier pourront être rajoutés, le cas échéant, autour de la table de la salle à manger ou dans le salon.

Si l'espace dont vous disposez est suffisant, une banquette lit ou une chaise longue feront office de chaise ou de canapé, et les coffres serviront à la fois de rangement et de table basse ou, munis d'un coussin, de chaise provisoire.

CHAMBRE POLYVALENTE

CHAMBRE À TOUT FAIRE

Une zone de dressing ou de bureau peut être dissimulée par un paravent *(à gauche)*.

Un fauteuil métamorphose la chambre en lieu de détente durant la journée *(en bas à gauche)* ; placé à proximité de la fenêtre, il permet de lire à la lumière du jour.

Une table à roulettes *(ci-dessous)* sera facilement déplacée et rangée dans un coin.

La chambre à coucher *(à droite)* peut faire office de salle de gymnastique si l'espace est suffisant.

ESPACE DE LOISIR

- Tables et chaises pliantes permettent de créer un bureau temporaire dans une chambre. Veillez à votre confort : optez pour une chaise offrant un maintien ergonomique et réglez la hauteur de l'assise à l'aide d'un coussin. La table doit être parfaitement stable.
- Conservez les articles de papeterie à portée de main dans des boîtes à couvercle.
- Rangez les accessoires nécessaires à vos exercices physiques — poids, barres, bouteilles d'eau et autres vidéos d'entraînement — dans l'espace réservé d'une armoire ou d'une commode, ou dénichez un vieux casier de vestiaire et rangez-y votre équipement.
- Les équipements de sport — raquettes, balles, etc. — pourront être rangés dans des casiers conçus à cet effet ainsi que dans des porte-parapluies ou des corbeilles à papier profondes.
- Accrochez un miroir et fixez des crochets pour les serviettes sur un mur à proximité de vos équipements de sport.

PARER LE LIT

1 FIXER LES CROCHETS À RIDEAUX

Marquez la position du crochet à rideaux sur le mur avec un crayon et fixez-le avec un tournevis.

2 DRAPER LE TISSU

Faites passer une bonne longueur de tissu par-dessus l'un des crochets à rideaux des extrémités, et maintenez le tissu en place temporairement (demandez à quelqu'un de vous le tenir, ou épinglez-le).

3 ATTACHER LES RUBANS

Coupez trois longueurs de ruban de 2 m chacune, et nouez fermement la première à l'un des deux crochets terminaux, de façon à maintenir le tissu en place.

4 FAIRE LES NŒUDS

Drapez le tissu de façon à obtenir un feston généreux entre le premier et le deuxième crochet. Répétez l'opération entre les deuxième et troisième crochets. Lorsque les trois crochets sont recouverts de tissu, et que le rideau est maintenu en place par les rubans, faites un beau nœud avec chacun des trois rubans.

Le lit étant souvent le meuble le plus encombrant de la chambre à coucher, il constitue un point de convergence du regard : son style détermine en grande partie le caractère de la chambre. Les tissus d'ameublement permettront à peu de frais de définir une ambiance tour à tour décontractée, nostalgique, dépouillée ou séduisante : un divan uni ne requiert qu'un chevet confortable et un ou deux coussins pour paraître douillet et engageant. Mais les accessoires doivent être amovibles et faciles à nettoyer.

MATÉRIEL

4 m de tissu

3 crochets à rideaux pour drapés

Crayon à papier

3 vis

Tournevis

Du fil à coudre

Épingles (facultatif)

2 m de ruban

Un simple drapé autour du lit est facile et rapide à réaliser *(ci-contre)*. Les draps de lit « écologiques » offrent un contraste intéressant avec le casier en acier galvanisé qui fait ici office de table de nuit *(à gauche)*. Des pans de tissu fixés à un rail en couronne semi-circulaire donnent une touche très féminine à cette chambre *(haut)*. Les têtes de lit en tissu ne sont pas nécessairement compliquées : le modèle présenté ici est simplement fixé par des boutons *(ci-dessus)*.

LES FINITIONS

LUXE FACILE *(à gauche)*

Une table étroite à roulettes est un support idéal pour des livres ou le plateau du petit déjeuner. Placée à l'extrémité du lit ou contre un mur, elle rendra également de multiples services en guise de rangement de couvertures ou de coiffeuse.

CONFORT ÉLÉMENTAIRE *(à droite)*

Quelques touches de couleur métamorphosent en chambre accueillante cette pièce spartiate au mobilier minimaliste. Des coussins et une simple nappe adoucissent les lignes des meubles, et leurs coloris se retrouvent dans la carpette et le tableau.

Plus l'aménagement de la chambre à coucher est simple, plus les détails sont importants. Si vous n'accrochez qu'un seul tableau au mur, assurez-vous que la décoration d'ensemble supporte une note aussi puissante. De même, si la lampe de chevet est le seul objet posé sur la table de chevet, elle devra être en soi un élément décoratif. Apporter la dernière touche à la décoration d'une chambre ne signifie pas l'encombrer d'un fouillis d'objets : il s'agit de choisir et d'exposer ceux qui sont caractéristiques de votre style personnel.

Si vous disposez d'un espace suffisant, une petite table ou une commode seront très utiles : elles permettent d'exposer vos objets et peuvent accueillir temporairement un journal ou un plateau de petit déjeuner. Complétées par un miroir posé ou accroché au mur, elles serviront également de coiffeuse. Préférez un miroir inclinable et réglable à la taille de la personne qui s'en sert et rajoutez une lampe éclairant uniformément le visage, de face et non par au-dessus ou en dessous.

La chambre à coucher, pièce très personnelle, est le lieu d'exposition idéal des photographies d'êtres chers. Regroupées sur un mur ou un meuble, elles auront davantage d'impact décoratif. Évitez de les exposer à la lumière du soleil, qui les décolore.

Si vous souhaitez accrocher un grand nombre de photographies mais craignez de cribler de trous vos murs fraîchement repeints, disposez les photographies sur des étagères étroites de 75 mm de profondeur, vissées dans le mur ou sur des taquets. Ces étagères doivent présenter un bord rainuré ou une bordure en relief qui maintient les photographies.

Bien que cela soit plus fastidieux, prêtez attention aux détails des équipements : poignées de porte, interrupteurs, etc. Une poignée de porte esthétique et maniable ainsi que des gonds silencieux font partie de ces petits riens qui facilitent la vie. Vieux placards et commodes fatiguées retrouveront une nouvelle jeunesse par le simple remplacement des boutons ou des poignées. Ils ne seront pas nécessairement assortis : des boutons blancs et noirs créeront sur une commode un effet bigarré. Les prises électriques et les corbeilles à papier devront être aussi discrètes que possible.

Les Fenêtres

Dans cette chambre romantique *(en haut)*, les rideaux tombant jusqu'au rebord de la fenêtre sont agrémentés d'un revers de tissu fixé en boucle autour de la tringle en cuivre. Le tissu à carreaux verts et blancs renforce le sentiment de confort, de même que la ligne simple du mobilier traditionnel.

De vieux napperons fixés par des pinces à rideaux sur une tringle ont été transformés en élégants rideaux *(ci-dessus)*.

Pour agrémenter une fenêtre d'une manière aussi simple qu'élégante, jetez une longueur de tissu sur une tringle et faites un grand nœud sur l'avant du rideau *(page précédente)*. La longueur du tissu doit être légèrement supérieure à deux fois la distance du sol à la tringle.

Si l'on préfère tamiser la lumière du soleil, il est possible d'installer des rideaux en couches superposées qui diffuseront dans la pièce une douce lueur *(à gauche)*.

Les rideaux conçus spécialement pour des fenêtres aux formes inhabituelles peuvent être très onéreux. Ici, un pan de tissu accroché à une tringle souple ne dissimule que la partie rectangulaire de la fenêtre *(ci-dessus)*.

Vivre dans une Pièce

SOLUTIONS DE RANGEMENT

Un mur de placards renferme tout ce qui pourrait encombrer cet espace non cloisonné, tandis que des objets sont exposés sur des étagères basses en métal *(ci-dessus)*. La structure ouverte de ces dernières permet d'éviter toute sensation d'enfermement. Même si son emplacement n'est pas idéal, rien ne s'oppose à ce qu'un objet favori, telle cette bicyclette, soit placé dans une chambre.

AMÉNAGEMENT EN NIVEAUX

Une plate-forme permet de dissimuler le lit en hauteur et de libérer l'espace au sol pour d'autres activités *(à droite)*. Même des emplacements étroits, un couloir ou un mur séparant deux fenêtres, peuvent être équipés d'étagères ou de placards. Les meubles compacts sont facilement déplacés quand vient le moment de déplier le canapé-lit.

Prévoir un grand nombre d'activités dans une seule pièce, qu'elle soit grande ou petite, requiert une utilisation aussi imaginative qu'efficace de l'espace. Les meubles choisis doivent être polyvalents et les rangements adaptés au moindre centimètre libre.

Il s'agit d'abord d'organiser l'espace. La forme de la chambre y contribuera, surtout si elle présente des différences de niveaux, telle une zone surélevée à proximité d'une fenêtre, ou des points d'intérêt fixes, comme une cheminée. L'emplacement de la cuisine sera déterminé par la présence de prises électriques et de l'arrivée d'eau, ou encore par la nécessité d'installer un extracteur de fumée près d'un mur extérieur.

Les changements de niveau permettent d'exploiter la hauteur de la pièce et de créer plusieurs petites zones dans la même chambre. L'installation du lit sur une plate-forme constitue l'une des solutions les plus simples et les moins onéreuses et, si la hauteur sous plafond est importante, il est toujours possible de créer une galerie ou un espace de rangement en hauteur. L'espace recouvert par un plancher surélevé peut également être utilisé pour le rangement.

Une autre solution consiste à cloisonner l'espace avec le mobilier. Les grands meubles, canapé-lit ou bibliothèque, permettent de diviser une pièce, de même que des stores fixés au plafond ou un paravent pliant, si l'espace se révèle très restreint.

Des rangements adaptés sont essentiels aux espaces polyvalents, car il est souvent nécessaire d'y ranger les objets relatifs à une activité avant d'en commencer une autre. Si la configuration de la pièce le permet, construisez un mur de placards, du sol au plafond, qui dissimulera tout, y compris la télévision et l'évier de la cuisine. Les espaces exigus, par exemple sous les escaliers, seront équipés d'étagères, de placards ou de tiroirs. Optez également pour un style de mobilier à rangements intégrés.

De façon générale, il vaudra mieux utiliser une palette de coloris restreinte et conserver le même style décoratif dans l'ensemble de la pièce. Les fonds neutres ou reposants sont souvent les mieux adaptés, mais les variations de coloris et de motifs permettent d'isoler visuellement une zone d'une autre.

LES CHAMBRES D'ADOLESCENTS

INDÉPENDANCE *(ci-dessus)*

Une chambre d'adolescent doit être un lieu où celui-ci peut travailler, se divertir, recevoir ses amis et commencer à découvrir son style personnel — sans ingérence des autres membres de la famille. Lorsqu'il s'agit de décorer la chambre d'un adolescent, le rôle des parents doit se limiter à fournir un mobilier robuste, une literie de base et des tissus d'ameublement, puis, cela fait, de se retirer sur la pointe des pieds.

TIROIRS SECRETS *(à gauche)*

Si la plupart des adolescents préfèrent choisir eux-mêmes l'emplacement et la manière d'exposer leurs objets préférés, les rangements modulaires contribueront à l'organisation des espaces réservés au travail, aux loisirs et aux collections secrètes.

CHAMBRE À VIVRE *(à gauche)*

Les adolescents adorent recevoir leurs amis. Les lits superposés permettent de libérer l'espace au sol, qui pourra alors être consacré aux jeux, à l'écoute de la musique ou à la présentation des dernières acquisitions. Rares sont les adultes, sans parler des adolescents, ayant un grand sens du rangement, mais le choix d'un mobilier intégré pourra les aider.

EXPOSITION *(ci-dessus)*

La plupart des adolescents considèrent le rangement et l'exposition comme une seule et même chose. Les objets lourds, comme les livres, la télévision ou la chaîne hi-fi, seront posés, pour des raisons de sécurité, sur de robustes étagères, tandis que les objets plus petits seront exposés à l'abri des chocs, dans des angles peu utilisés.

CHAPITRE 4

SALLES DE BAINS

Qu'il s'agisse d'une petite pièce sans fenêtre ou d'une ancienne chambre très vaste, une salle de bains doit avant tout être fonctionnelle. La priorité va aux rangements et à la sécurité. Par ailleurs, les surfaces doivent résister à l'eau. Pour votre confort enfin, choisissez avec soin l'éclairage et le chauffage et n'oubliez pas les aérations.

Comme la salle de bains est généralement l'une des pièces les plus petites de la maison et l'une de celles dans lesquelles on passe le moins de temps, vous pouvez laisser libre cours à votre imagination et opter pour une décoration haute en couleurs. Jouez sur les accessoires, peignez les murs de teinte vive, choisissez des étagères originales. Passez-vous tous vos caprices et créez une pièce amusante, vous ne le regretterez pas.

LA SALLE DE BAINS BIEN ORDONNÉE

La salle de bains constitue un espace commun : chaque membre de la famille doit pouvoir l'utiliser en toute sécurité dans le plus grand confort. Elle doit offrir les rangements nécessaires aux objets de toilette, aux serviettes, aux accessoires de bain et autres jouets.

Tout doit trouver place dans cette pièce qui est souvent un espace rajouté, dans l'angle d'un grenier réaménagé, par exemple, ou une boîte dépourvue de fenêtre créée par le cloisonnement d'une pièce plus grande. La question du rangement est par conséquent liée à l'utilisation créative de l'espace laissé libre par les équipements sanitaires et à l'exploitation rationnelle des murs.

L'encastrement de la baignoire permet de ménager un espace destiné aux étagères, tandis que lavabo et W.-C. peuvent être incorporés dans des meubles modulaires ou encastrés. Un aménagement moins rigoureux pourra consister en étagères ouvertes, en meubles non encastrés et en dessertes.

Pour résoudre les questions d'encombrement aux heures d'affluence, il est parfois nécessaire de dissimuler la douche ou la baignoire, ou de rajouter un lavabo, de sorte que plusieurs personnes puissent utiliser en même temps la salle de bains. Un W.-C. séparé permet également d'éviter les embouteillages.

SOUPLESSE D'ADAPTATION *(ci-dessus)*

Serviettes et objets de toilette sont rangés de manière décorative sur des étagères ouvertes, tandis qu'une desserte, qui peut être déplacée le cas échéant, offre un espace de rangement supplémentaire pour les accessoires de bain.

RATIONALISATION DE L'ESPACE *(à droite)*

Les placards encastrés contribuent à la rationalisation des espaces restreints, de même que les rails de rangement suspendus au-dessus de la baignoire et du lavabo. La surélévation des éléments permet d'éviter toute impression d'enfermement.

Salle de Bains de Caractère

La salle de bains n'est pas uniquement un endroit où l'on se précipite pour prendre une douche avant de partir au travail ; c'est aussi un lieu où l'on se détend, se pomponne et se bichonne. Que la décoration y soit fantaisiste ou théâtrale, elle doit être particulièrement réussie, car nous ne passons dans la salle de bains qu'un temps relativement court. En raison de ses dimensions souvent plutôt modestes, elle se prête à des décorations plus inhabituelles, telles que des mosaïques ou des peintures murales, qui sembleraient déplacées dans des pièces plus grandes.

Il est parfois nécessaire de masquer la fenêtre : la solution la plus simple consiste à l'équiper de vitres en verre cannelé ou dépoli. Une grande variété de verre dépoli est disponible dans le commerce, tandis que le verre cannelé peut être taillé aux motifs de votre choix — les verres cannelés en rayures ou dotés d'un hublot de verre clair sont particulièrement spectaculaires. Les vitraux, qui créent dans la salle de bains un jeu d'ombres et de couleurs changeant, sont très onéreux : ils ne conviennent qu'à des fenêtres de petite taille.

Si vous souhaitez bénéficier d'une luminosité plus douce, optez pour des stores ou des jalousies en tissu ou en bois, pour un rideau de café masquant la partie inférieure d'une haute fenêtre, ou pour un voile. L'emplacement des éclairages devra être calculé pour éviter que votre silhouette se découpe sur la fenêtre à la nuit tombée — les lampes seront disposées dans les angles de la pièce, jamais au centre. Si vous ne risquez pas d'être vu de l'extérieur, ne masquez pas la fenêtre : quoi de plus agréable qu'une salle de bains avec vue !

De nombreuses personnes hésitent à affirmer leurs préférences décoratives dans de petits espaces mais, après tout, si ce sont des murs nus qui se referment sur vous, pourquoi ne pas tenter de créer quelque chose qui vaille réellement la peine d'être vu ? Les couleurs vives et les surfaces texturées, comme les mosaïques et les carrelages, contrastent puissamment avec le caractère lisse et poli des équipements sanitaires. Une note fantaisiste sera également bienvenue : les murs pourront être ornés de peintures figurant des thèmes aquatiques, ou recouverts de lambris évoquant quelque cabine de bateau ou hutte de plage.

AMERRISSAGE *(ci-contre)*

Une baignoire surélevée et dotée d'une volée de marches transforme l'heure du bain en aventure. D'un point de vue plus pratique, elle facilite le bain des enfants et permet aux personnes âgées de se déplacer plus aisément dans la baignoire. Le carrelage doit être antidérapant.

BAIN EN PLEIN AIR *(à gauche)*

Le toit vitré de cette salle de bains construite dans une dépendance de l'habitation constitue une solution élégante au problème de l'intimité et de l'éclairage par la lumière du jour. Le mobilier non encastré accentue le caractère aéré et spacieux de la pièce *(à gauche)*.

Cette petite salle de bains sous le toit bénéficie d'une terrasse contiguë *(ci-dessus)* et offre la possibilité de prendre toute l'année un bain en plein air.

Le Plan de la Salle de Bains

Que vous décidiez d'aménager une salle de bains flambant neuve ou de réaménager une salle de bains existante, vous ne disposerez probablement d'aucune marge de manœuvre quant à l'emplacement des équipements sanitaires. Le W.-C. doit être situé à proximité de la descente des eaux usées installée lors de la construction de l'habitation et dont l'éventuel déplacement est extrêmement onéreux. Les autres équipements doivent également pouvoir être raccordés facilement à la descente des eaux.

Il sera néanmoins essentiel de dessiner un plan à l'échelle de la salle de bains. C'est la seule façon de déterminer l'espace dont vous disposez pour vous déplacer dans la pièce et d'utiliser confortablement chaque équipement. Si vous doutez de vos talents de dessinateur, utilisez les modèles fournis avec les brochures d'équipements sanitaires, comprenant du papier quadrillé et des formes prédécoupées des équipements sanitaires. En général, comptez au moins 70 cm d'espace au sol libre devant la baignoire ou la douche afin de pouvoir y accéder commodément, environ 60 cm devant le W.-C. et le bidet, 70 cm devant le lavabo (afin que l'on puisse se pencher sans difficulté) et 15 cm de part et d'autre de celui-ci. Sauf dans les plus grandes salles de bains, toutes ces zones de circulation se chevauchent les unes les autres.

Le banc étroit est utilisé comme siège ou pour déposer vêtements et robes de chambre.

Placard peu profond destiné aux produits de toilette.

Des coloris clairs permettent de tirer le meilleur parti de la lumière du jour.

Placard séchoir et rangement à serviettes.

Si la salle de bains est utilisée par plus d'un membre de la famille en même temps, il sera judicieux d'isoler visuellement le W.-C. de la baignoire.

Les cloisons carrelées ne montent pas jusqu'au plafond afin que la salle de bains puisse bénéficier de la lumière du jour.

Le lavabo encastré surmonte des rangements.

PLAN DE LA SALLE DE BAINS La douche carrelée surdimensionnée permet d'accueillir deux personnes. L'évacuation des eaux est dissimulée sous le caillebotis.

Solutions pour Petites Salles de Bains

RAYURES DÉPOUILLÉES
(à gauche)
Dans cette petite salle de bains, chaise et séchoir à linge pliant facilitent les déplacements. Le lavabo fixé au mur libère un espace précieux au sol. Objets trouvés et bibelots créent une atmosphère aussi accueillante que personnalisée.

BOIS PEINT
(à droite)
Les lambris créent une atmosphère plus chaleureuse que le carrelage. Le bois doit être imperméabilisé par plusieurs couches de peinture à l'huile ou de vernis à gomme-laque.

Dans certains appartements, la superficie de la salle de bains n'excède pas 2,50 m^2, ce qui exige une utilisation de l'espace aussi rationnelle que créatrice. La solution traditionnelle, qui consiste à encastrer la baignoire, le lavabo et le réservoir de la chasse d'eau, permet de ménager un espace supplémentaire pour les étagères et les rangements. De même, il est possible de fixer aux murs lavabo, W.-C. et bidet.

Les salles de bains minuscules requièrent une grande inventivité. Baignoires et lavabos aux proportions réduites sont disponibles dans le commerce mais peuvent se révéler peu commodes. Si la place manque pour installer un bac de douche, sans parler de la baignoire, la douche pourra être fixée directement au mur et l'évacuation des eaux percée à même le sol — murs et sol seront impérativement carrelés ou recouverts de matériaux étanches, et le seuil de la porte sera surélevé afin que l'eau ne s'écoule pas en dehors de la salle de bains. Les accessoires, gants et serviettes de toilette, seront rangés dans des placards-séchoirs.

Il est possible de créer une seconde salle de bains en aménageant une douche dans une chambre à coucher, dans un ensemble de placards encastrés, par exemple, ou dans un angle de la pièce masqué par une cloison. Dans les deux cas, ce type d'aménagement devra être parfaitement étanche.

RANGEMENT

- La plupart des objets entreposés dans la salle de bains sont de taille relativement petite et se rangent dans des placards ou sur des étagères encastrés dans les encoignures.
- Si vous prévoyez d'encastrer les équipements sanitaires, pensez à y inclure des placards et des étagères : ceux-ci occuperont moins d'espace que des meubles fixés aux murs.
- Baignoire, douche et lavabo doivent être équipés d'étagères destinées aux produits de toilette, ou optez pour des accessoires fixés au mur, tels que les porte-éponges et porte-savons.
- Si la fenêtre ne donne que peu de lumière ou n'offre aucune vue, condamnez-la et fixez sur sa largeur des étagères en verre.
- Afin de ne pas encombrer les étagères, entreposez cosmétiques et petits objets de toilette sur des plateaux ou dans des boîtes.
- Accrochez au dos de la porte les vêtements, robes de chambre et sacs de linge sale et, pourquoi pas un miroir.
- Dans une salle de bains haute sous plafond, on pourra accrocher les serviettes au séchoir à linge suspendu.

BLANCHEUR IMMACULÉE

Le choix d'un décor entièrement blanc, qui tire pleinement parti de la lumière naturelle, crée également une impression d'espace. Les placards installés sous le lavabo autorisent le rangement à proximité de l'ensemble des objets de toilette, tandis qu'un panier ou des serviettes pliées apportent une touche de finition aussi élégante que pratique.

Détails Pratiques

ÉLÉGANCE GÉOMÉTRIQUE
(à gauche)

Le carrelage qui recouvre les surfaces de cette petite salle de bains unifie son aspect et facilite son nettoyage.

ENCASTREMENT EN BOIS
(à droite)

Lavabo et W.-C. adossés au mur offrent un gain d'espace. Les conduits encastrés permettent une finition parfaite.

La salle de bains est, après la cuisine, la pièce de la maison requérant le plus de minutie. Elle présente au moins trois équipements sanitaires fixes — parfois jusqu'à cinq ou six —, dotés chacun de leur plomberie et complétés, à l'occasion, de prises électriques. Toutes les surfaces de la salle de bains doivent être résistantes à l'humidité, et les éléments de confort — chauffage, éclairage et ventilation — soigneusement étudiés.

Canalisations, évacuation des eaux usées et réservoir de la chasse d'eau sont généralement dissimulés par un coffrage ou un mobilier encastré, mais l'accès aux siphons et autres robinets doit être ménagé par un panneau amovible ou une porte.

De même, câbles et prises électriques doivent être dissimulés et isolés. Avant de procéder à toute modification de l'installation électrique, vérifiez la conformité de votre projet aux normes réglementaires en vigueur.

L'utilisation de matériaux antidérapants sur le sol et la baignoire rendra la salle de bains plus sûre, de même que l'installation de poignées autour de la baignoire et de la douche.

Bien que toutes les surfaces doivent être nécessairement résistantes à l'humidité et faciles à nettoyer, nombre de solutions permettent d'éviter que le caractère de la salle de bains soit trop froidement clinique. Le pourtour de la baignoire et du lavabo est le plus souvent carrelé, mais il pourra également être boisé de lambris peints ou vernis, créant une atmosphère plus chaleureuse, ou agrémenté de verre de sécurité offrant un décor aussi théâtral que minimaliste. À l'exception du bois, tout revêtement de sol pourra être utilisé ici mais, pour plus de confort, optez pour le linoléum ou le jute, pour des carpettes lavables ou pour un carrelage en terre cuite.

Afin de limiter la condensation, les salles de bains dépourvues de fenêtre doivent être équipées d'un extracteur de vapeur. Le chauffage de la salle de bains accroît son confort et accélère l'évaporation. Si la pièce est équipée d'un radiateur, il est possible de le remplacer par un porte-serviettes chauffant.

MIROIRS ET ÉCLAIRAGES

- Les équipements électriques sont obligatoirement isolés pour éviter les courts-circuits que pourrait provoquer la vapeur. Les ampoules doivent être entièrement encastrées dans les abat-jour, et les interrupteurs manœuvrés par un cordon ou installés à l'extérieur de la salle de bains.
- Une salle de bains basse sous plafond paraîtra plus spacieuse si les équipements sont encastrés.
- Les spots encastrés dans le plafond procurent un éclairage d'appoint : en les équipant d'un interrupteur à variateur, on pourra réduire l'intensité lumineuse et créer une atmosphère apaisante.
- Équipez les miroirs destinés au rasage ou au maquillage d'un éclairage latéral fournissant une lumière uniforme dépourvue d'ombre.
- Un grand miroir crée une illusion d'espace : toute la famille pourra en profiter, et pas seulement ses membres de plus haute stature.

EXPOSITION

Un miroir doté d'un éclairage séduisant transforme la zone du lavabo en point de convergence du regard, tandis que placards et étagères abritent à portée de main les ustensiles de toilette.

Les Carrelages

Les carreaux de céramique, disponibles en une grande diversité de dimensions et de coloris, offrent des solutions de décoration infinies, des mosaïques les plus petites aux dalles de 60 cm de diagonale ou davantage, à finition mate ou vernie. Les carrelages faits main ou de récupération présentent un aspect incomparablement plus rustique que les carreaux industriels et, si l'on y ajoute les possibilités qu'offrent bordures, frises et autres carrelages à motifs, l'on comprendra vite que le plus difficile en la matière, c'est le choix du carrelage.

Mais, puisque le carrelage est rarement le revêtement le moins onéreux, veillez à n'en acquérir que la quantité strictement nécessaire : pour ce faire, dessinez un plan à l'échelle de chaque mur, et du sol le cas échéant, en figurant portes, fenêtres, radiateurs et autres équipements fixes. Dessinez le carrelage à la même échelle et comptez le nombre de carreaux requis. Si vous souhaitez créer un motif décoratif, faites plusieurs photocopies de chacun de vos plans et disposez sur celles-ci la décoration carrelée.

Le dessin à l'échelle permet, en outre, de déterminer plus aisément les carreaux à scier — le plus souvent dans les angles et autour des courbes des canalisations et des équipements sanitaires — ainsi que leur emplacement respectif ; il est notamment essentiel d'utiliser des carreaux de dimensions identiques de part et d'autre d'une fenêtre. Examinez attentivement les illustrations de carrelages afin de vous faire une idée plus juste de la façon de carreler les zones exiguës proches des encadrements de porte ou de fenêtre.

Après avoir déterminé la quantité de carrelage requise, rajoutez 10 % à ce nombre si vous utilisez des carreaux quadrangulaires, et 20 % dans le cas de carreaux de forme inhabituelle ou à motifs, pour tenir compte des pertes éventuelles dues à la casse ou aux erreurs de découpe des carreaux. Les enduits de jointoiement et les mastics du carrelage des zones humides — autour des douches et des lavabos, par exemple — doivent être imperméables. Des enduits de couleur avivent les carrelages unis et s'harmonisent plus facilement avec les carreaux faits main ou rustiques.

HARMONIE *(ci-dessus)*

Le carrelage de l'ensemble des surfaces unifie l'aspect de la salle de bains. Les carreaux en forme de brique rappellent la forme de la fenêtre et semblent « étirer » les murs, faisant ainsi paraître la salle de bains plus grande.

RAYON DE SOLEIL *(à droite)*

On pourra redonner une nouvelle jeunesse à une salle de bains fatiguée en la décorant de couleurs vives : un carrelage uni agrémenté d'un enduit de teinte contrastée brise la monotonie d'une grande surface de couleur ; au sol, des touches de couleur avivent un revêtement neutre.

ÉLÉMENTS CLÉS

Utilisation du Carrelage

- Le carrelage en diagonale nécessite une main sûre ainsi qu'un nombre plus important de carreaux, car maint d'entre eux devront être sciés pour couvrir les surfaces des angles.
- La disposition en diagonale du carrelage « agrandit » une petite salle de bains.
- Un carrelage à mi-mur sera surmonté d'une bordure de finition empêchant l'eau de s'écouler entre les carreaux et le mur.
- Un carrelage industriel peu onéreux pourra être avivé par des carreaux de bordure ou à motifs aux couleurs contrastées. Si vous mélangez des carreaux de diverses dimensions et origines, veillez à ce que l'épaisseur de leurs rebords soit identique.
- Si l'emplacement des équipements sanitaires se traduit par un carrelage irrégulier, posez à proximité des bords de la pièce une bordure de carreaux aux coloris contrastés, ce qui crée un tapis quadrangulaire de couleurs ou de motifs attirant le regard vers le centre de la pièce.
- Les carreaux faits main, anciens, ou de mosaïques sont souvent trop onéreux pour couvrir de grandes surfaces : utilisez-les pour encadrer un miroir ou pour créer un motif au-dessus de la baignoire ou du lavabo.

EFFETS DU HASARD

Le carrelage de terre cuite confère aux murs de la douche un coloris aux nuances douces. Vous pouvez poser sur les murs un carrelage de sol non vernissé, mais faites appel à un carreleur professionnel.

Les Accessoires de Salle de Bains

Les accessoires, par leurs contrastes de couleurs, de motifs et de texture, permettent de renouveler le style et le caractère d'une salle de bains et de créer une atmosphère accueillante quand surfaces et équipements sanitaires sont aussi froids qu'étincelants d'émail.

Les objets de toilette ayant tendance à s'accumuler autour du lavabo et de la baignoire, on prêtera la plus grande attention à l'organisation de ces zones. Les accessoires essentiels sont les suivants : porte-serviettes ou crochets, porte-savons, porte-brosses à dents et étagères où sont entreposés provisoirement peignes, brosses et lunettes. Prévoyez également une poubelle, un panier à linge sale, un porte-rouleau de papier hygiénique ainsi que des récipients pour les sels de bain et autres boules de coton.

Les accessoires contribuent à l'amélioration de la décoration de la salle de bains. La dominante rustique de murs lambrissés sera, par exemple, renforcée par des étagères peintes, des porcelaines de couleurs, des équipements en métal galvanisé ou des collections de coquillages et de galets, tandis que les salles de bains dépouillées bénéficieront de l'élégance du chrome et du verre, ou de la chaleur des paniers et des équipements en bois.

ÉLÉMENTS DE CARACTÈRE

Paniers et accessoires chromés *(page de gauche)* constituent des ajouts aussi élégants que fonctionnels. Ils offrent divers rangements et sèchent facilement.

Le coloris pastel dominant *(page de gauche)* souligne le raffinement des équipements sanitaires uniformément blancs. Les lignes simples du meuble à miroir et des éclairages accentuent la note dépouillée de la décoration.

Des étagères et des empilements de boîtes *(à gauche)* créent une ambiance plus dynamique. Le métal galvanisé et le bois forment un élégant contraste avec la porcelaine blanche, pour une ambiance aussi chaleureuse que subtile.

Les parfums meublent également une pièce : la vapeur d'une douche chaude exhale la fraîche odeur des feuilles d'eucalyptus *(ci-dessus)*.

Les Finitions

ÉTINCELANTE EFFICACITÉ *(à gauche)*

Chrome, verre et mosaïque métamorphosent une petite salle de bains en havre de luxe. Cette armoire de toilette, équipée notamment de miroirs grossissants, d'un porte-serviettes et d'étagères, n'encombre pas le mur.

DÉPOUILLEMENT *(à droite)*

Si l'on dispose d'un espace suffisant, le déplacement de la baignoire vers le centre de la salle de bains permet de créer un rangement du sol au plafond. Les canalisations sont dissimulées derrière des panneaux. Le tabouret recouvert de tissu éponge gaufré et les objets exposés rendent cette salle de bains agréablement accueillante.

Comme toutes les autres pièces de la maison, la salle de bains requiert un point de convergence du regard. La fenêtre, souvent très petite, ne peut pas toujours y prétendre : cette tâche incombe alors généralement au lavabo ou à la baignoire. Un lavabo équipé d'un miroir et d'éclairage constitue un point de convergence évident. Il pourra sembler encore plus imposant s'il est encastré, équipé de placards ou associé à une console de toilette décorative.

La baignoire est également un lieu de détente et mérite un traitement particulier. Si elle est placée dans une encoignure, créez une intimité supplémentaire en la surmontant d'un dais ou en la flanquant de grandes armoires. Dans une salle de bains petite ou basse de plafond, on pourra se contenter d'étagères fixées autour de la baignoire, ou à ses extrémités, qui permettent de rationaliser l'espace et d'entreposer savons et accessoires décoratifs.

Un meuble peut également constituer un excellent point de convergence. Ainsi, une commode de couleurs vives contraste agréablement avec des équipements sanitaires encastrés ; une table et une chaise serviront de support à un bouquet de fleurs, à quelques bibelots ou à une pile de serviettes.

Les tissus d'ameublement adaptés à la salle de bains sont doux et absorbants, comme le tissu éponge, ou ne craignent ni l'eau ni la vapeur, comme la toile ou le vinyle. On peut confectionner un store ou un dessus de siège en tissu éponge. Les rideaux de douche en vinyle sont commercialisés en de nombreux coloris et motifs ; pour obtenir un effet plus luxueux, accrochez un rideau de douche à chaque extrémité de la baignoire.

Tous les tissus d'ameublement utilisés dans une salle de bains doivent être lavables. Si vous souhaitez les garnir d'une bordure ou d'une soutache, choisissez un tissu grand teint et non rétrécissant.

L'atmosphère d'une salle de bains résulte de la combinaison de plusieurs facteurs, mais certaines touches de finition conviendront à tout style de salle de bains. L'éclairage de la salle de bains aux bougies crée une ambiance romantique, voire mystique, le reflet des flammes sur le verre et sur l'eau ayant un effet quasi hypnotique ; des parfums naturels apporteront, en outre, une agréable note de fraîcheur : disposez dans une coupe des copeaux de bois aromatiques, santal ou cèdre, des bouquets d'eucalyptus ou de lavande, ou bien versez quelques gouttes d'huile essentielle dans un vaporisateur.

ÉLÉMENTS CLÉS

La Salle de Bains et les Enfants

- Les objets potentiellement dangereux – médicaments, produits chimiques et autres ciseaux – doivent être rangés hors de portée des enfants, dans des armoires fermées à clé.
- Lorsque les petits enfants sont en âge d'utiliser la baignoire, il est conseillé d'en garnir le fond d'un tapis antidérapant.
- Un escabeau permet aux enfants d'atteindre les robinets du lavabo.
- Les accessoires tels les porte-brosses à dents et les porte-savons sont en plastique incassable.
- Tapis et carpettes de la salle de bains sont doublés d'une thibaude en caoutchouc ou antidérapante.
- Les jouets de bain peuvent être entreposés dans un coffre à roulettes, dans des boîtes ou des paniers en plastique. Accrochez au mur ou derrière la porte les range-chaussures en toile.
- Afin de désencombrer la salle de bains, il sera utile d'installer un lavabo dans une ancienne chambre d'enfant.

EXCLUSIVEMENT POUR LES ENFANTS

Des accessoires de bain attrayants constituent la seconde priorité, après la sécurité, de l'heure du bain.

CHAPITRE 5

CHAMBRES D'ENFANTS

Les enfants ont tendance à coloniser l'ensemble de la maison, à éparpiller leurs biens et à réquisitionner tout l'espace disponible pour leurs jouets, leurs passe-temps et plus tard leurs amis.

Pour éviter de sacrifier toute votre maison à la deuxième génération, consacrez dans la mesure du possible des pièces séparées à chaque activité. Et, si vous avez deux salons, réservez-en un aux plus jeunes, où jeux, jouets et autre bric-à-brac pourront s'empiler joyeusement sans déranger l'espace « adulte » de la pièce voisine.

Lorsque vous concevez une chambre d'enfant, veillez à ce qu'elle puisse évoluer avec lui. Nous allons vous proposer dans ce chapitre plusieurs modèles de chambre et des dizaines d'idées pour tirer le meilleur parti possible de l'espace et du mobilier dont vous disposez.

Un Espace en Constante Évolution

Les chambres d'enfants diffèrent des autres parties de la maison en un point essentiel : ce que l'on en attend ne cesse de changer. Il faut renouveler le mobilier des enfants presque aussi souvent que leur garde-robe et leurs jouets. Leur chambre devient même parfois trop petite. De fait, une chambre de bébé n'est pas très amusante pour un enfant de trois ans, et la décoration que vous avez choisie pour un enfant de cinq ans fera « bébé » bien avant son dixième anniversaire.

Aussi est-il important de bien réfléchir avant d'aménager une chambre d'enfant : cela peut vous éviter bien des dépenses inutiles à mesure que votre enfant grandit. Il est certes tentant de jouer le grand jeu, avec décor à thème et tissus assortis, mais il est bon de se souvenir que les enfants n'ont pas besoin de peintures murales très sophistiquées pour structurer leur créativité. Soyez prévoyant : si vous vous lancez dans de gros travaux, placez les radiateurs à un endroit où ils ne gêneront pas l'emplacement du mobilier, et prévoyez suffisamment de prises électriques pour pouvoir un jour brancher lampes de bureau, chaîne hi-fi et ordinateurs.

La taille de votre famille et celle de votre logement peuvent être telles qu'à un moment donné, deux enfants (ou plus !) devront partager une chambre. Lorsque les enfants grandiront, vous devrez concilier ce compromis avec leur besoin croissant d'isolement : les meubles modulables pourront alors vous faciliter la vie. Et n'oubliez pas de demander l'avis de l'intéressé : il a souvent son idée sur la question !

UNE HAUTE IDÉE DU LIT *(ci-dessus)*

Un lit en hauteur libère de l'espace au sol tout en fournissant une cachette de rêve et de la place pour inviter un copain à dormir à la maison. Ce type de lit semble encore plus compact s'il est accouplé à un espace rangement et à un bureau, tandis qu'un parquet et des tapis lavables peuvent supporter des années de mauvais traitements.

JOUER SUR LES COULEURS *(à droite)*

Il n'est pas indispensable de décorer les salles de jeux selon un thème, ni de les remplir d'équipements spéciaux. Ici, des éléments trouvés sur le marché et peints de couleurs vives ainsi que beaucoup d'espace suffisent amplement à stimuler l'imagination de la jeune classe.

BAMBI

Maximiser l'Espace

SALLE DE JEUX DOUILLETTE *(ci-dessus)*

Les enfants adorent les grandes caisses pleines de « trésors ». Réfléchissez donc à deux fois avant de combler les baies des fenêtres et les alcôves avec des placards encastrés. Mettez tous les jouets de la même taille dans des rangements similaires de façon à ne pas être obligé de vider sans cesse les grosses boîtes ou grandes corbeilles à la recherche de petits objets.

EXPOSITION DE JOUETS *(à droite)*

Des étagères basses permettent de poser les jouets à une hauteur où l'enfant peut facilement les atteindre. N'exposez pas tous les jouets, car ils perdent rapidement leur attrait de nouveautés. Cachez-en quelques-uns pendant quelque temps et ressortez-les ensuite, en faisant une sorte de roulement régulier.

UN CAMOUFLAGE EN COULEUR

(à gauche)

Une peinture colorée transforme instantanément un placard en élément décoratif gai et plein de vie. Les étagères sont assorties au placard, puis ornées de festons de papier couleur. Une table basse et une petite chaise de couleurs vives complètent le décor. Quel plaisir de s'y installer pour lire ou dessiner !

TRAVAILLER DUR *(ci-dessus)*

Si vous n'avez pas beaucoup de place, un meuble bas placé contre un mur fera office de planche à dessin. Vous pourrez ensuite installer au-dessus des étagères murales. Blocs-tiroirs en bois et cartons d'archives permettront enfin de classer efficacement papiers et matériel de dessin et de peinture.

Chambres de Bébés

Au cours de leurs premières semaines, les bébés ont seulement besoin de leurs parents, de nourriture, de couches et d'un endroit pour dormir, tous ces éléments étant de préférence à proximité les uns des autres. Il est même probable qu'il ou elle dormira dans votre chambre pendant quelque temps.

Puis vient le moment où bébé gagne sa chambre. Si vous pensez rester encore plusieurs années dans votre logement, évitez de choisir la plus petite pièce pour en faire la chambre de bébé. Dans quelque temps, lorsque l'enfant aura grandi, il voudra, en effet, également y jouer et y travailler. Si la chambre de bébé est toute petite, envisagez alors de transformer ultérieurement une partie du grenier ou du sous-sol en salle de jeu.

Pour limiter les risques d'allergie, il convient d'éviter le plus possible la poussière. Choisissez du linge de lit en fibres 100 % naturelles et lavez les draps et vêtements neufs avant utilisation. Évitez les peintures à l'huile dans la chambre du bébé, car elles continuent à dégager des vapeurs bien après que la surface a séché. Optez plutôt pour des peintures à l'eau obtenues à partir de produits naturels.

NURSERIE

Une table à langer avec des étagères vous permettra de stocker couches, bodies, produits de toilette et layette en un endroit très pratique. Vous rangerez en revanche dans l'armoire les jouets et les vêtements plus encombrants.

Il est fréquent de changer un bébé de vêtements plusieurs fois par jour. Suspendez donc quelques tenues de rechange à des patères ou à une poignée de porte. Il est ainsi plus facile d'attraper un ensemble propre, tandis que le bébé a quelque chose de vif et de coloré à regarder. Ce déballage a enfin souvent une allure très sympathique.

ÉLÉMENTS CLÉS

L'Indispensable dans une Chambre de Bébé

- Si vous partez de zéro, il vous faut :
- Un lit à barreaux, un tour de lit, un matelas, des draps en coton, et des couvertures en laine ou autres fibres naturelles. Pour éviter tout risque de suffocation, n'utilisez pas de couette ni d'oreiller avant un an.
- Un endroit pour langer l'enfant. Vous devez pouvoir lui changer sa couche sans vous baisser. Prévoyez une corbeille, une étagère ou une table à proximité pour poser les lingettes, les couches, le coton et les crèmes.
- Un siège confortable pour donner le sein ou le biberon. Vous devez pouvoir y rester assis longtemps et vous lever facilement avec le bébé dans les bras.
- Des rangements (en quantité) pour les vêtements et les jouets.
- Une petite corbeille pleine de jouets pour que l'enfant puisse s'amuser dans sa chambre lorsqu'il sera en âge de s'asseoir et de jouer par terre.
- Un éclairage avec variateur, pour que vous puissiez trouver votre chemin la nuit, et une veilleuse adaptable sur une prise de courant.
- Une boîte à musique pour le lit à barreaux, ainsi qu'un mobile et des affiches pour décorer la pièce. Placez les affiches dans des cadres à pinces de façon à pouvoir en changer souvent : les bébés adorent la variété.
- Suivant la taille de votre logement, vous aurez peut-être besoin d'un interphone ou autre système pour surveiller votre bébé à distance.

Soyez Prévoyant

Rares sont les gens qui ont les moyens, ou l'envie, de redécorer une chambre d'enfant tous les trois ou quatre ans. Il est d'ailleurs possible de s'adapter aux nouveaux besoins de l'enfant en jouant habilement sur quelques éléments de base bien choisis. Il est, enfin, facile de donner à la pièce un air de nouveauté avec un coup de peinture et quelques accessoires.

Vous pouvez tout à fait loger deux enfants dans une pièce qui mesure 2,80 x 3,20 m environ jusqu'à ce l'aîné ait 10 ou 11 ans. Au début, ce sera la chambre de bébé du premier. Le mieux est alors de la meubler le plus sobrement possible. Comme nous vous l'avons indiqué, les éléments indispensables sont : un berceau ou lit à barreaux, des étagères pour la layette, un endroit pour langer le bébé, des corbeilles à jouets et un siège confortable pour lui donner le sein ou le biberon.

Lorsque l'aîné a environ six ans et le plus jeune trois ans, ils ont besoin de beaucoup de place pour jouer. L'idéal est donc de les faire dormir dans des lits superposés. Les étagères qui servaient autrefois à ranger la layette permettent maintenant d'entreposer les jouets. Comme les enfants adorent les couleurs vives, nous avons complété l'ensemble avec un tapis et des accessoires rouges et verts.

Lorsque les enfants sont un peu plus grands, ils commencent à éprouver le besoin d'être un peu indépendants. Nous avons donc dissocié les deux lits et repeint les étagères pour mettre en évidence leur nouvelle fonction de poste de travail. Chaque enfant a choisi son linge de lit et sa chaise de bureau.

Chambre partagée par deux enfants entre 3 et 5 ans

Il est amusant de dormir dans des lits superposés. Et cela fait gagner de la place...

Les boîtes à tiroirs placées sous la fenêtre sont revêtues de peinture « ardoise ». Elles font ainsi office de tableau noir. On y range en outre le matériel à dessin et autres petits objets.

Le désordre qui règne inévitablement sur ces étagères est masqué par un store en tissu.

Avec ce mini-canapé convertible, les petits copains peuvent dormir à la maison sans problème.

La règle d'or à respecter pour aménager et décorer une chambre d'enfant de façon économique tient en quelques mots : un mobilier et une disposition modulables.

Les rangées de patères permettent de suspendre chaussures, sacs à linge sale et cartables qui du coup ne traînent plus par terre.

Tables et bancs peuvent être poussés contre le mur lorsque l'on ne s'en sert pas.

LA CHAMBRE DE BÉBÉ

Choisissez le mobilier de la chambre de bébé en pensant à son éventuelle utilisation future. Vous pourrez prêter un lit à barreaux solide à des amis ou à des parents lorsque vous n'en aurez plus besoin.

LA CHAMBRE DES PLUS GRANDS

Des lits séparés et des coins bureaux distincts leur donnent à chacun un sentiment d'indépendance. Des caisses glissées sous les lits permettent de ranger.

ÉLÉMENTS CLÉS

SÉCURITÉ

- Vérifiez que tous les meubles de la chambre d'enfant sont conformes aux normes de sécurité en vigueur, même s'il s'agit de meubles d'occasion ou reçus en héritage. Tous les vernis et peintures employés pour décorer les murs et les sols doivent, en outre, être à base de produits naturels.
- Achetez une barrière de sécurité pour les escaliers. Évitez les modèles fixés par pression : ils peuvent céder.
- Évitez d'installer des meubles sous une fenêtre, car un jeune enfant aurait alors plus de facilité à grimper sur le rebord. La sécurité recommande d'équiper toutes les fenêtres et certaines portes de systèmes de sécurité pour en empêcher l'ouverture par les tout-petits.
- Toutes les chambres d'enfants devraient être équipées d'un détecteur de fumée. Vérifiez régulièrement qu'il fonctionne correctement.
- Mettez des cache-prises sur les prises de courant non utilisées et évitez de laisser traîner des rallonges électriques.
- Rangez tous les médicaments dans une armoire à pharmacie fermée à clé.
- N'achetez jamais de meubles avec des portes en verre à hauteur d'enfant et évitez les meubles dont les pieds sont trop hauts ou fuselés, ce qui les rend instables.

TRAVAILLER, SE REPOSER ET JOUER

Les enfants apprécient un certain ordre dans leur chambre. Encouragez-les donc à vous aider pour les activités de rangement, mais aussi pour la phase plus amusante où il s'agit de décider où exposer leurs objets préférés.

La Chambre de Bébé

JOLIS FOULARDS *(ci-dessus)*

Une corbeille à linge doublée d'un grand carré de tissu : voilà un coffre à jouets original et bon marché. Ourlez le bord du tissu pour éviter qu'il ne s'effiloche.

TOUT SIMPLEMENT CHARMANT *(à droite)*

Il n'est bien souvent pas nécessaire de remplir la pièce d'accessoires coordonnés pour créer une chambre de bébé gaie et stimulante. Des murs et des rideaux tout simples, et un mobilier évolutif qui s'adaptera aux nouveaux besoins de l'enfant, donnent un résultat tout aussi réussi. Et à long terme, cette solution vous facilitera la vie.

Décorer la chambre de bébé est une façon bien agréable de préparer son arrivée. Il est souvent très tentant de faire les choses en grand, d'autant plus que la famille et les amis en profitent généralement pour vous noyer de cadeaux ou vous donner ce qu'ils n'utilisent plus. Il est cependant important de se souvenir que cette période de la vie est très courte. Avant d'acheter des meubles ou équipements coûteux, demandez-vous combien de temps vous allez vous en servir, et s'il est possible de les adapter à d'autres usages.

Le mieux est donc de décorer une chambre de bébé de façon à pouvoir facilement la mettre au goût du jour quelques années plus tard. Pour les murs, la peinture est préférable au papier peint car elle est plus rapide à changer et peut être retouchée si besoin est. Les revêtements de sol doivent être confortables, chauds, faciles à nettoyer et durables. Les sols en vinyle, le linoléum, le parquet et le liège conviennent tous.

Il est également recommandé de choisir un habillage de fenêtre qui cache bien le jour, pour éviter que l'enfant ne se réveille trop tôt le matin et qu'il ait du mal à s'endormir les soirs d'été, mais aussi pour tamiser la lumière de la pièce pendant les siestes. Il ne s'agit pas nécessairement de mettre des rideaux ou des stores très foncés, qui pourraient rendre la pièce lugubre. Pensez plutôt aux stores occultants ou aux rideaux doublés. Par ailleurs, comme la plupart des bébés se déplacent par leurs propres moyens bien avant leur premier anniversaire, évitez les lampes de table et les lampadaires. Les appliques et les suspensions sont beaucoup moins dangereuses.

Le mobilier doit être confortable, fonctionnel, modulable, et ne présenter aucun danger. Le seul meuble indispensable qui ne soit utilisable que par les bébés est le lit à barreaux. Choisissez-en donc un de bonne taille et de construction solide. Vous pourrez alors l'utiliser jusqu'à ce que votre enfant ait environ deux ans, et ensuite pour les petites frères et petites sœurs.

Pour langer le bébé, vous avez le choix. Vous pouvez poser un matelas à langer sur une commode, ou bien acheter une table à langer proprement dite. Toute surface plane, stable et assez profonde fera l'affaire, dans la mesure où vous pourrez changer et habiller le bébé sans vous baisser.

Chambre pour Deux

C'EST L'HEURE DE S'AMUSER

Des housses de couette et des affiches de couleurs vives sont du meilleur effet contre des murs neutres *(haut)*. Dans la chambre d'un jeune enfant, les luminaires devraient toujours être équipés de grilles de protection.

Pour éviter que le sens artistique de votre enfant ne s'exprime sur les murs de sa chambre, peignez des boîtes en contre-plaqué avec une peinture « ardoise » *(ci-dessus)* et fixez-les à une hauteur accessible.
(À droite) Les enfants aiment bien les couleurs vives.

Les jeunes enfants apprécient souvent la compagnie d'un frère ou d'une sœur dans la chambre, mais ils ont besoin d'un espace suffisant pour pouvoir bouger. Lorsque l'un d'eux atteint l'âge de la grande école, il doit être en mesure de s'adonner à ses propres occupations. Vous pouvez lui faciliter la tâche en créant un espace de travail et de jeu pour chacun. Vous pouvez aussi aménager des zones d'activité dans la chambre : par exemple, un coin lecture avec des petites chaises ou un mini-canapé et une corbeille de livres ; un coin dessin avec un chevalet et des tableaux ; ou un coin dînette avec une maison miniature.

Pour libérer de l'espace au sol, les lits superposés constituent une solution pratique. Il est souvent recommandé de ne pas faire dormir un enfant de moins de six ans à plus de 80 cm du sol, mais bon nombre d'entre eux sont psychologiquement capables de s'adapter à cette situation bien plus tôt. Si vous avez un doute, achetez des lits superposés dissociables. Dans tous les cas, le lit du haut doit être équipé d'une barrière de sécurité et l'espace compris entre deux barres ne doit pas dépasser 75 mm de largeur.

À partir de la maternelle, les enfants rapportent à la maison un flot continu de dessins et de sculptures, et leur chambre est l'endroit de prédilection pour exposer les plus beaux. Placez-les assez bas, à hauteur de leurs yeux. Les étagères basses et rebords de fenêtre sont parfaits pour les sculptures et autres réalisations en trois dimensions, tandis que les panneaux d'affichage mettent en valeur les plus petits objets. C'est l'âge où les enfants commencent à se sentir une âme de collectionneur, aussi prévoyez des boîtes et autres rangements pour stocker des séries impressionnantes de dinosaures, autocollants et accessoires de poupées.

À un moment ou à un autre, la plupart des enfants écrivent sur les murs, que ce soit accidentellement ou consciemment. Préférez donc des revêtements lavables et faciles à retoucher ! La chambre va aussi certainement servir de salle de gym : les lits font d'excellents trampolines, surtout à plusieurs, et les jeux d'étagères ressemblent à s'y méprendre à des murs d'escalade. Bref, le mobilier doit être assez solide et stable pour supporter tout ça. Nous vous conseillons enfin de bloquer les étagères modulables.

Nina

Les Tissus

Ils sont à l'honneur dans les chambres d'enfants : linge de lit et stores ou rideaux sont indispensables. Nous vous conseillons aussi de disposer un ou deux tapis si le revêtement de sol est dur : les atterrissages seront plus confortables ! Les tours de lit et ciels de lit en tissu sont également très jolis dans les chambres de bébés. Ils sont en outre bon marché, que vous les achetiez ou les confectionniez, et peu encombrants lorsque vous n'en avez plus l'utilité. Les couvre-lits et coussins en patchwork sont, quant à eux, parfaits pour les chambres d'enfants. Ils sont certes parfois un peu fragiles, mais les enfants apprennent vite à prendre soin des belles choses. Les tissus résistants et lavables, comme la toile de tente, la toile de jute et l'éponge, sont pratiques pour réaliser des sacs à jouets ou à linge sale.

Dans les chambres de jeunes enfants, il vaut mieux opter pour des rideaux courts, car la tentation de tirer sur des drapés qui tombent jusqu'au sol est irrésistible. Dans la chambre d'un enfant plus grand, vous pouvez mettre des rideaux plus longs, mais veillez à ce qu'il ne puisse pas se prendre les pieds dans les panneaux. Vous pouvez aussi utiliser des rideaux pour couper une chambre en deux et donner à chacun des occupants un peu d'intimité : il suffit alors de les suspendre à une tringle fixée au milieu de la pièce. Vous pouvez enfin en garnir un lit à baldaquin traditionnel pour éliminer les courants d'air et accentuer le sentiment de nid douillet.

Ici, une cotonnade rayée très gaie a été utilisée pour couvrir le haut d'un jeu d'étagères et masquer ainsi un désordre fréquent. Les étagères du bas sont laissées libres pour que les enfants y retrouvent facilement leurs jouets. Le fait de couvrir également les côtés lui donnerait plutôt l'allure d'une penderie.

MATÉRIEL

Tissu

Épingles

Riveteuse

Œillets

Marteau

Crayon à papier

Cordelette ou ficelle

Crochets à bois filetés

1. COUPER LE TISSU

Prenez une longueur de tissu de 100 cm de large et 180 cm de long. Prévoyez une marge de 6 cm pour les coutures de chaque côté et en bas, et de 7,5 cm pour le haut. Repliez les bords, épinglez, puis piquez les quatre ourlets à la machine.

2. FIXER LES ŒILLETS

Décidez du nombre d'œillets dont vous avez besoin et marquez au crayon leur emplacement, à intervalle régulier, sur l'étagère, ainsi que sur les bords inférieur et supérieur du tissu. Plus le tissu est léger, plus il vous faudra d'œillets. Insérez ensuite les œillets à l'aide de la riveteuse (que vous pourrez vous procurer dans un grand magasin ou dans une mercerie). Enfoncez bien les œillets avec un marteau.

3. SUSPENDRE LE STORE

Vissez les crochets à bois dans la partie supérieure des étagères, et accrochez-y les œillets du bord supérieur du store. Relevez le bas du store et accrochez-le en glissant les œillets sur les mêmes crochets.

4. ATTACHER LE STORE

Pour attacher le store, prenez une longueur de corde de 1 cm de diamètre égale à deux fois la hauteur du store plus 12 cm. Coupez-la en deux. Prenez un morceau de corde et faites-le passer dans le second œillet en partant du bord du tissu. Répétez l'opération avec l'autre morceau de corde du côté opposé. Enroulez doucement le store selon votre goût et nouez la corde sous le store pour le maintenir en place.

IDÉES DE RANGEMENT

- Les jeux d'étagères sont très faciles à adapter. On peut y ranger des couches et de la layette dans une chambre de bébé ; des livres et des jouets lorsque l'enfant grandit ; et une chaîne hi-fi lorsqu'il est adolescent. Choisissez un modèle modulable que l'on peut repeindre.
- On peut également ranger toutes sortes de choses dans une commode. Les poignées doivent être assez grosses pour que les enfants plus grands puissent les attraper facilement.
- Choisissez une penderie avec tringle réglable, de façon à pouvoir la monter progressivement au fur et à mesure que l'enfant grandit.
- Fixez des étagères murales avec des montants et des équerres pour une souplesse maximale. Si elles sont coupées sur mesure, elles tirent mieux parti d'une alcôve ou d'un recoin qu'un jeu d'étagères libre. Il suffit, en outre, d'équiper une étagère d'une tringle sur sa face inférieure pour en faire une penderie.
- Glissez des tiroirs à roulettes ou sur rails sous les lits.
- Un coffre permet de ranger les jouets les plus volumineux. Le couvercle peut, en outre, servir de table à dessin, car les enfants se mettent volontiers à genoux pour jouer. En empilant des boîtes, vous économiserez de l'espace au sol. Certaines peuvent être munies de roulettes.
- Les paniers et corbeilles font de jolis rangements, et il sera facile de leur trouver un usage dans une autre pièce de la maison par la suite.
- Utilisez des patères pour suspendre les vêtements et les sacs aux murs ou derrière les portes.

DES ENFANTS PLUS GRANDS

UN DÉCOR POUR TROIS ANS

Des étagères peintes *(à gauche)* procurent de l'espace rangement mais aussi un bureau. Les spots à pince sont parfaits pour éclairer une table de travail, mais ne les fixez pas à un lit ou près de tissu.

(À droite) Vous pouvez opter pour des rangements en hauteur qui permettent à chaque enfant de s'isoler davantage. Évitez cependant les éléments trop encombrants, car ils rendraient la pièce un peu triste. Des boîtes glissées sous le lit permettent de ranger les équipements sportifs, tandis que les panneaux d'affichage accueillent les nouvelles passions et collections éphémères.

L'école modifie peu à peu la façon dont les enfants utilisent leur chambre. Ils ont besoin d'un endroit calme pour faire leurs devoirs. Il faudra également trouver de la place supplémentaire pour leur dernière marotte, qu'il s'agisse d'un intérêt soudain pour les vêtements dernier cri ou d'une passion pour la collection d'insectes en plastique.

Si deux enfants partagent une chambre, veillez à ce que chacun dispose de son propre espace de travail pour qu'il puisse se livrer à ses activités personnelles. Disposez les tables ou bureaux de façon qu'ils se tournent le dos et choisissez des sièges qui les encouragent à se tenir bien droit. Les lumières doivent être orientables, comme dans tout espace de travail, et chaque enfant doit avoir sa propre lampe de chevet, pour que l'un puisse dormir même si l'autre lit.

Prévoyez, en outre, davantage de penderies pour les vêtements et de nouvelles étagères pour les livres et collections diverses. Il est vrai qu'un classement vertical régulier améliore sensiblement la situation. Il est souvent possible d'ajouter des rangements modulaires. Si la pièce est meublée avec des éléments libres, complétez-les par des étagères.

technic

UNE CHAMBRE POUR CHACUN

Puis arrive un jour où partager sa chambre devient invivable, surtout entre frère et sœur. À ce moment-là, vous n'avez pas le choix : vous devez repenser la disposition de votre logement. Vous serez peut-être obligé de monter ou de tomber une cloison, d'aménager un grenier ou de construire une extension. Ou bien aurez-vous la chance de vous en tirer en divisant une grande pièce en deux avec des bibliothèques. Vous allez également devoir revoir la façon de meubler et de décorer les chambres de vos enfants : ce sont presque des adultes, aussi vous pouvez maintenant opter pour des matières un peu plus fragiles, qui nécessitent un entretien plus soigné, comme la moquette et le papier peint.

Si votre enfant dort dans le même lit depuis qu'il a deux ou trois ans, il est sans doute temps d'en changer le cadre et d'investir dans un nouveau matelas.

UN ESPACE À SOI *(ci-dessus)*

Un cadre de lit avec des tiroirs, une coiffeuse et un placard fournissent à l'enfant des solutions variées pour ranger ou exposer ses affaires. Les enfants aiment, en effet, cacher les choses. Il est donc important qu'ils disposent d'un espace pour ranger aussi bien leurs précieux trésors que leurs jouets et leurs vêtements.

UNE SALLE DE JEUX POUR TOUS

Une pièce conçue pour le jeu et les loisirs de tous est une bonne idée, surtout si les chambres des enfants sont petites. C'est là qu'ils laisseront leurs jouets encombrants et qu'ils pourront se livrer à leurs passe-temps préférés et si envahissants, sans être obligés de tout ranger à chaque fois.

Le problème de ces salles de jeux familiales, c'est qu'elles sont parfois difficiles à gérer. Il est, en effet, un âge où les petits veulent participer aux activités de leurs grands frères et sœurs. Pour préserver une certaine harmonie, il est donc important que les aînés disposent d'une surface de jeu ou de travail qui reste hors de portée des petites mains.

CENTRE D'ACTIVITÉ *(ci-dessus)*

Dans une salle de jeux, le sol récupère tout : miettes de nourriture, boissons, colle, peinture, boue rapportée de l'extérieur, j'en passe et des meilleures. Choisissez donc un revêtement facile à nettoyer. Les rangements peuvent prendre des formes diverses, mais il est important de prévoir des étagères élevées ou un placard en hauteur, pour que certains jeux restent hors de portée des jeunes enfants.

01/01/80 00:16 Directory B:*.*
Document Size: 0 Free Disk Space: 172032
. <CURRENT> <DIR>
.. <PARENT> <DIR>
ALEXON . <DIR> 01/01/80 01:42
ALFAROME.EST 1879 01/01/80 00:47
ANDJIGSA. 1174 01/01/80 01:44

CHAPITRE 6

UN BUREAU À LA MAISON

Faites en sorte qu'il soit agréable de travailler à la maison, qu'il s'agisse d'une occupation à temps plein ou simplement d'une heure ou deux par semaine passées à la table de la cuisine. Commencez par choisir le bon emplacement pour aménager votre bureau, puis efforcez-vous de créer un certain isolement. Prévoyez un siège confortable, des rangements généreux et un bon éclairage. Si la pièce est assez grande, elle pourrait aussi être un lieu de détente. Pensez-y. N'hésitez pas enfin à personnaliser votre bureau avec des couleurs, une touche d'humour et vos objets préférés. Si vous êtes fier de votre travail, montrez-le !

L'Inspiration

SOUS LA CAGE D'ESCALIER *(à gauche)*

L'espace perdu sous une cage d'escalier peut facilement être transformé en un bureau compact, dans la mesure où la surface de travail et les rangements sont suffisamment éclairés. Une étagère très profonde fixée au mur fera une surface de travail plus stable si l'on rajoute un pied d'angle.

L'ÈRE DES LUMIÈRES *(à droite)*

Une lumière naturelle abondante et une jolie vue ont toujours rendu le travail plus agréable. Ici, des tréteaux supportant un plateau de verre et un meuble à tiroirs métallique remplacent avantageusement un bureau classique. Ils personnalisent la pièce sans trop grever le budget. Des mini-coffres en fer-blanc permettent enfin de retrouver ses petits dans ce système de classement à casiers.

Chez vous, un bureau ne doit pas se limiter à être une pièce ou un coin où vous gagnez votre vie ou payez les factures. Comme une chambre, c'est souvent un lieu intime et personnel, un endroit où vous pouvez vraiment être vous-même, faire des projets, prendre des décisions ou rêvasser. Travailler chez soi présente des avantages : vous économisez le temps des trajets, vous n'êtes plus obligé de supporter les guerres de clans et autres manœuvres de bureau, vous pouvez choisir vos propres horaires. En revanche, il est plus difficile de savoir s'arrêter : les limites nécessaires entre le travail et les loisirs sont plus floues. C'est pourquoi il est primordial de séparer votre espace de travail du reste de la maison.

Les éléments indispensables de tout bureau sont les suivants : une surface de travail, un siège, des rangements et de la lumière. Même si l'essentiel de votre activité consiste à écrire ou à téléphoner, il vous suffit de trouver une surface plane, stable (surtout si vous y posez votre ordinateur), et assez haute pour pouvoir glisser vos genoux dessous. Une table de ferme ou une étagère assez large fixée au mur feront par exemple très bien l'affaire.

Vous n'avez pas autant de liberté dans le choix du siège. Outre soutenir votre colonne vertébrale, votre chaise doit vous permettre d'être assis à la bonne hauteur par rapport à la surface de travail, de pivoter et de glisser sur le sol si vous devez avoir accès à des rangements situés à proximité, pour enfin se glisser impeccablement sous le bureau lorsque vous ne vous en servez pas. Rares sont les sièges qui remplissent toutes ces conditions aussi bien qu'une chaise de bureau professionnelle. Aussi serez-vous peut-être obligé de sacrifier l'esthétique au confort de votre dos.

Si vous avez la place, installez dans la pièce un canapé ou un fauteuil afin de pouvoir faire une pause de temps en temps. Non seulement des rangements bien agencés vous permettent d'organiser vos papiers et vos accessoires, mais ils créent aussi une meilleure ambiance de travail. Le fait de refermer une porte de placard ou un tiroir sur un bric-à-brac vous aidera peut-être à passer à autre chose.

EL MUNDO
KALIMANTAN
SUMATRA
JAVA

Choisir l'Emplacement du Bureau

Lorsque vous choisirez l'emplacement de votre bureau, optez pour une pièce calme et bien à l'écart des activités du reste de la maisonnée. Évitez d'aménager un bureau près d'une salle de jeux, d'une cuisine ou de tout autre espace « communautaire ». Il est également important que la pièce soit claire, même si vous préférez réserver la plus ensoleillée pour le salon. Si d'autres personnes travaillent avec vous ou si vous recevez de la visite, choisissez enfin une pièce dont l'accès ne nécessite pas une visite guidée de votre appartement.

Il est bien évident qu'un bureau séparé est la meilleure solution, car cela vous permet de vous isoler en fermant la porte. Il peut donc se révéler profitable de repenser la distribution générale de la maison afin de créer un bureau si vous travaillez chez vous tous les jours, ou tout au moins de façon régulière.

TRAVAILLER CHEZ SOI

La lumière naturelle régulière et sans ombre qui inonde cet atelier rend la peinture et le dessin encore plus plaisants *(ci-dessus)*.

Dans un espace multiusages, installez l'ordinateur à proximité des autres équipements audiovisuels *(à droite)*, cela facilitera le raccordement des appareils.

La Disposition des Meubles

- Dans votre espace de travail, vous pouvez disposer les meubles en double I, avec le bureau devant vous et les rangements derrière. Cette disposition est intéressante dans les pièces où l'un des éléments peut être placé au milieu, comme un îlot.
- Essayez d'aménager les pièces à recoins en L, en disposant la table et, soit un meuble bas, soit une desserte d'ordinateur à angle droit.
- Dans une pièce étroite, il est souvent judicieux de disposer les divers meubles sur une seule ligne, mais tirez le meilleur parti possible de l'espace mural en y fixant des étagères.
- Une belle vue est certes un point fort, mais c'est aussi parfois une distraction. Peut-être préférerez-vous être face au mur, ou à l'intérieur de la pièce, pour pouvoir mieux vous concentrer.
- Ne placez pas un écran d'ordinateur face ou dos à une source de lumière ou à une fenêtre. En effet, c'est un éclairage latéral qui convient le mieux.
- Si vous êtes plusieurs à partager le bureau, essayez d'attribuer à chacun son espace rangement.
- Si vous aménagez un coin bureau dans une pièce multiusages, jouez sur la souplesse et l'adaptabilité. Choisissez des casiers à roulettes que vous pourrez pousser facilement lorsque vous ne vous en servirez plus. Une autre solution consiste à agencer un placard dont on pourra refermer les portes une fois le travail terminé.
- Si vous n'êtes pas esclave des technologies de pointe, peut-être opterez-vous pour un secrétaire ou un bureau à rouleau qui permettra de cacher tout votre bric-à-brac en un clin d'œil.

NOYÉ DE LUMIÈRE

Pouvoir travailler dans une serre n'est qu'un rêve pour la plupart des gens. Ici, il est devenu réalité. Une bâche en tissu réduit la réverbération de la lumière sur l'écran de l'ordinateur.

Soyez organisé !

Même le plus petit des bureaux est souvent appelé à abriter une grande variété de livres, revues, outils et accessoires. Si vous dressez la liste des articles que vous utilisez régulièrement, elle comptera sans doute : des instruments pour écrire ou dessiner ; du papier ou autre article de papeterie dans une multitude de formats ; un téléphone et un répondeur ; un ordinateur et ses périphériques ; une lampe de bureau ; des corbeilles de classement ; des livres, des revues et de la correspondance ; sans parler des gadgets, souvenirs de vacances et notes personnelles. Face à cette invasion, la plupart d'entre nous ne pourraient donc tout simplement pas fonctionner sans une organisation de l'espace.

Votre système de rangement doit permettre une facilité d'accès aux articles dont vous vous servez le plus, de préférence sans devoir vous lever de votre siège. Si le désordre vous rend fou, optez pour un système qui vous permette de cacher l'essentiel derrière des portes. Pour une netteté optimale, choisissez des placards intégrés dans les murs, ou des étagères que vous protégerez par des stores, plutôt qu'un assortiment d'armoires de classement diverses et variées ou une vieille penderie.

Mais peut-être êtes-vous plutôt de ceux qui utilisent leur table de travail pour classer leurs affaires, avec des piles de dossiers « à traiter » et des notes éparpillées qui vous rappellent le programme de la journée. Dans ce cas, adoptez un grand bureau sur lequel vous pourrez vous étaler et, si vous respectez le principe classique de rangement « diviser pour régner », vous devriez éviter le chaos. Pour ce faire, rangez vos affaires en petits groupes, afin qu'il soit facile de les voir et de mettre la main dessus. Vous pouvez par exemple avoir un pot pour chaque type de crayons ou stylos, ou vous servir d'un pêle-mêle pour accrocher les plus petites fournitures de bureau. Évitez dans tous les cas de tout jeter en vrac dans un tiroir !

L'électronique aussi peut vous aider à organiser l'espace. En effet, vous pouvez stocker une quantité fabuleuse d'informations dans votre ordinateur avec le logiciel approprié. Rares sont néanmoins les bureaux où l'on peut se passer complètement d'un système de classement manuel, ne serait-ce que pour les factures. Peut-être le système classique à dossiers suspendus convient-il mieux à vos besoins. Quoi qu'il en soit, il

vous faut, en règle générale, deux fois plus d'espace de rangement que vous ne le croyez. Achetez donc un meuble à quatre tiroirs si vous pensez que deux suffisent. Après tout, l'encombrement au sol est le même !

Si vous avez besoin de voir le contenu de vos dossiers d'un simple coup d'œil, ou bien si vous stockez des échantillons, l'utilisation de boîtes d'archives ou autres systèmes compartimentés posés sur des étagères constitue peut-être une solution mieux adaptée, même si elle prend plus de place. Vous pouvez aussi ranger vos articles dans des paniers ou des jolies boîtes : c'est plus décoratif. Enfin, n'hésitez pas à empiler des corbeilles en vannerie pour classer le travail en cours et le garder à portée de main tout en dégageant votre table de travail.

Un bureau bien organisé doit toujours préserver un espace libre. L'ordinateur ne doit pas prendre toute la place. Même les personnes qui passent leur journée à taper sur leur clavier ont besoin de place pour poser des papiers ou le courrier du jour.

Les meilleurs accessoires de bureau ne sont pas toujours ceux conçus à cette fin. Les petits casiers destinés à ranger les clous et les vis sont, par exemple, très pratiques pour les trombones, punaises et autres petits articles ; un cache-pot, un petit vase feront d'excellents pots à crayons et un gros ressort servira d'amusant presse-papiers. Une bonne organisation suppose aussi de savoir jeter. Prenez de grandes corbeilles et réservez-en une au papier à recycler. Utilisez enfin du papier recyclé pour toutes vos activités.

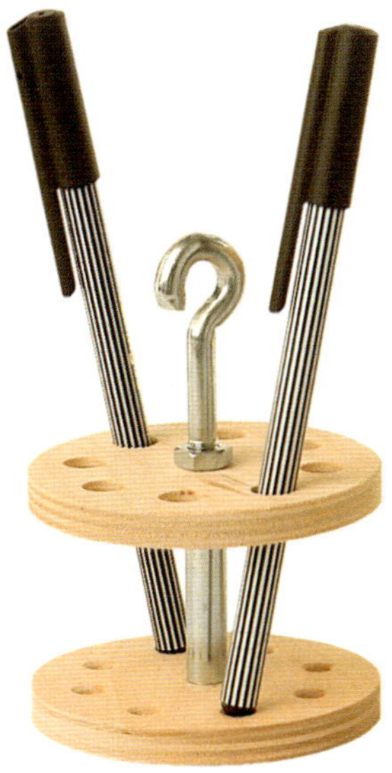

DÉTAILS PRATIQUES

Quel que soit l'usage de votre espace de travail, que ce soit pour écrire ou travailler le bois, sculpter ou coudre, le mobilier doit être pratique et confortable. Il faut pouvoir, si besoin est, changer l'ambiance de la pièce en passant de la lumière vive et crue d'un local professionnel à un éclairage plus doux pour la détente. Cette pièce doit enfin tenir compte de votre santé, surtout si vous y passez de longs moments.

À moins que vous ne travailliez debout, vous devez vous assurer en priorité que toutes les parties de votre corps sont correctement soutenues lorsque vous êtes assis à votre table. Une mauvaise posture peut entraîner de sérieux problèmes à la longue. Non seulement vous vous sentirez mal, mais votre productivité aussi en sera affectée.

La première étape consiste donc à choisir le bon siège. Il doit être réglable en hauteur, avec un dossier incurvé pour soutenir le bas de votre colonne vertébrale. Dans l'idéal, le dossier doit être suffisamment large et haut pour soutenir vos épaules et votre tête, et le fauteuil être

RETOUR À L'ESSENTIEL

Dans un bureau, l'essentiel est de créer un environnement dans lequel on puisse travailler de façon agréable et efficace. Un bon éclairage naturel et un mobilier solide et pratique permettent en général de couvrir les besoins élémentaires de chacun *(ci-dessus)*.

Une surface utilisée pour la couture ou toute autre tâche de proximité *(à droite)* doit être légèrement plus basse qu'un bureau standard (66 cm dans l'idéal). Un éclairage ponctuel suspendu juste au-dessus de la table donne une lumière vive et sans ombre sur l'ouvrage.

doté d'accoudoirs afin d'éviter à votre cou et à vos épaules de porter tout le poids des bras. Lorsque vous êtes assis dans le fauteuil, vos pieds doivent reposer à plat sur le sol, avec vos genoux légèrement plus bas que vos hanches. Vous devez enfin pouvoir poser vos mains sur le clavier ou sur le bureau, les bras relâchés, les coudes pliés à angle droit.

Pour minimiser les douleurs dans la nuque et la tension oculaire lorsque vous utilisez un ordinateur, placez le sommet de l'écran à peu près au niveau de votre front et à 45-50 cm de votre visage. Si vous travaillez longtemps sur ordinateur, offrez-vous un tapis à souris ou à clavier rembourré pour soulager vos poignets, et levez-vous pour faire quelques pas toutes les demi-heures environ.

Achetez une console d'ordinateur de façon à pouvoir placer l'écran et le clavier à la bonne hauteur, mais n'en faites pas votre seule surface de travail, car la plupart des modèles sont trop petits pour que l'on puisse les utiliser à d'autres fins. Si votre budget est serré, vous pouvez également poser une surface rigide sur deux blocs tiroirs. C'est une solution presque aussi satisfaisante, car la hauteur correspond à celle d'une console pour ordinateur ou machine à écrire (entre 66 et 74 cm).

Comme dans toutes les zones d'activité, il est indispensable d'avoir un bon éclairage général et particulier. Vous pouvez opter pour un lampadaire ou des appliques à éclairage dirigé vers le haut, dans la mesure où le plafond n'est pas peint d'une couleur sombre. Évitez les suspensions et les ampoules fluorescentes, qui créent des reflets, ce qui devient rapidement fatigant. Quant aux lampes de bureau, la plupart se posent sur la table de travail, mais vous pouvez trouver un modèle qui se fixe au mur si vous manquez de place.

ÉLÉMENTS CLÉS

Électronique et Télécommunications

- Avez-vous besoin de lignes supplémentaires pour installer un télécopieur, un modem ou autre appareil ?
- Avez-vous assez de prises de courant pour brancher tout votre équipement électronique ?
- Ne mettez pas votre ordinateur en plein soleil et laissez suffisamment d'espace autour de chaque appareil pour le bon fonctionnement des ventilateurs.
- Éloignez disquettes et disques durs des appareils qui créent des champs magnétiques puissants, comme les transformateurs ou les moteurs électriques.
- Renseignez-vous pour savoir si vous devez installer un régulateur de tension pour protéger vos ordinateurs et vos modems. Ces derniers sont particulièrement sensibles aux sautes de tension éventuelles.
- Les photocopieurs émettent des vapeurs désagréables et parfois du monoxyde de carbone. Si vous en avez un chez vous, installez-le en dehors de votre bureau, dans une pièce bien aérée.
- Le matériel électrique déshumidifie l'air et lui donne une charge électrique positive, ce qui rend l'atmosphère de travail malsaine. Vous pouvez compenser ces effets nocifs en mettant des plantes vertes et un ionisateur.

UNE COULEUR FONCTIONNELLE

Une couche de peinture donne à un ensemble tréteaux-étagères une certaine unité. En outre, le choix de la couleur verte et le fait d'installer quelques plantes dans le bureau contribuent à créer une atmosphère saine et sereine.

Les Espaces de Travail Polyvalents

SE FONDRE DANS LE DÉCOR

La planche à dessin de ce designer repose sur un cadre léger pour mieux se fondre dans le décor du salon. En travaillant à la maison, vous avez la possibilité de créer vos propres systèmes de classement.

C'est le plus souvent dans une cuisine ou dans une chambre que l'on aménage un espace de travail temporaire. La chambre n'étant utilisée qu'à temps partiel, le fait d'y travailler permet de tirer meilleur parti de cet espace. Il convient toutefois de veiller à dissocier nettement les deux activités. D'une part, le désordre engendré par le travail et les effets des équipements électriques sur la qualité de l'air ne créent pas une atmosphère très saine pour dormir. D'autre part, dans la journée, il peut se révéler très difficile de résister à la tentation de faire une petite sieste...

Comme le lit domine généralement la chambre, le mieux est peut-être de lui tourner le dos, en installant par exemple le bureau sous une fenêtre. Vous devrez par ailleurs tenir compte de l'ensemble de la pièce lorsque vous choisirez la décoration et le mobilier : un thème très douillet ou très féminin vous irritera sans aucun doute lorsque vous essaierez de travailler, comme le fera un décor « jeune cadre dynamique » lorsque vous souhaiterez vous reposer.

La cuisine se prête peut-être mieux à l'aménagement d'un lieu de travail temporaire, car elle a vraisemblablement été conçue comme une zone d'activité. Cependant, vous devrez expliquer aux autres membres de la maisonnée qu'ils doivent se réunir ailleurs. En outre, il devient vite lassant d'être obligé de tout débarrasser lorsque vous vous arrêtez de travailler. Certaines personnes préfèrent toutefois travailler dans le bruit, avec du monde autour d'elles.

C'est peut-être une bonne idée d'aménager un coin bureau dans le salon, mais pas forcément en pratique. Là encore, il est difficile de séparer le travail de la détente. Il n'est, en outre, pas évident de trouver le bon revêtement de sol.

En effet, une surface résistante à l'usure est nécessaire pour supporter les mauvais traitements infligés par un mobilier sans cesse en mouvement. Le bois et d'autres types de sols durs font l'affaire, mais les tapis et autres revêtements naturels se prennent facilement dans les roulettes.

Parmi les endroits moins conventionnels pour installer un bureau, citons les espaces de circulation, tels une entrée ou un palier. Si vous ne trouvez pas la place dans la maison, pourquoi ne pas installer votre bureau dans le hangar à outils ou dans la serre à l'autre bout du jardin, dans la mesure, bien sûr, où il y a une installation électrique fiable et un chauffage pour les mauvais jours ?

Si le bureau ou la pièce dans laquelle il se trouve sera également utilisé par d'autres personnes, il convient de tenir compte aussi de leurs besoins. Un siège réglable en hauteur et des rangements qui leur sont réservés facilitent la vie des enfants. Si vous avez des enfants en bas âge, protégez les prises de courant non utilisées par des cache-prise, ne laissez pas traîner de rallonges électriques, protégez les coins des meubles et rangez les petits objets dans un tiroir qu'ils ne pourront pas ouvrir. Souvenez-vous aussi que les jeunes enfants adorent imiter leurs parents : ayez toujours à portée de main du brouillon et des crayons pour les moments où ils voudront faire « leur travail ». Assurez-vous enfin que les données importantes stockées sur votre ordinateur sont protégées.

Si vous avez la chance d'avoir un bureau séparé mais que vous ne l'utilisiez pas souvent, faites en sorte qu'il soit possible d'y pratiquer d'autres activités temporaires, comme jouer d'un instrument ou faire de la gymnastique. Si vous deviez faire du bruit dans cette pièce, il est conseillé de fixer un isolant phonique sur les murs et le sol, et peut-être des doubles vitrages aux fenêtres. Le plus simple est d'utiliser la pièce comme chambre d'amis, car il vous suffit d'ajouter un lit ou un canapé convertible, et peut-être un coffre à linge pour y ranger draps et couvertures.

ARMOIRE BUREAU *(à gauche)*

Un bureau n'est pas toujours très esthétique. Dans cette chambre, on a résolu le problème en l'aménageant dans la penderie. Une partie de la station de travail peut être tirée vers le centre de la pièce, pour minimiser les effets de claustrophobie.

UN BUREAU VIRTUEL *(ci-dessus)*

Avec un ordinateur portable, il est possible de travailler pratiquement n'importe où. Les salles à manger sont alors une bonne solution de repli, car elles sont rarement utilisées en permanence. Dans toute pièce multiusages, il est possible d'améliorer la situation en créant des espaces distincts, à l'aide d'un paravent ou d'une bibliothèque par exemple.

CHAPITRE 7

HALLS D'ENTRÉE

Qu'est-ce qu'un hall d'entrée réussi ? Une pièce accueillante et chaleureuse qui donne une petite idée des surprises que réserve la maison. Oubliez les meubles encombrants et préférez-leur des rangements efficaces et une bonne dose de couleurs et de théâtralité.

Choisissez des finis de surface qui vieillissent bien et qui empêchent la saleté de l'extérieur de pénétrer plus avant dans la maison, affichez vos photos et vos tableaux préférés, baignez le tout d'une jolie lumière et soulignez les détails architecturaux que vous aimez : une fenêtre, une cage d'escalier... Intriguez les nouveaux venus en créant des points de vue plongeant vers les pièces adjacentes. Redécouvrez enfin les espaces qualifiés de « morts » tels les dessous d'escaliers et les paliers : il est souvent possible d'y aménager une aire de jeu ou de travail.

La Première Impression

SENSATION D'ESPACE
(à l'extrême gauche)

Une couleur claire et neutre, des étagères et des miroirs : voici de quoi redonner une impression d'espace à une entrée pleine de recoins. Une affiche haute en couleur donne enfin une touche très décorative.

ACCESSOIRES
(en bas à gauche)

Une collection de chapeaux et de manteaux a du charme mais ne convient peut-être pas à une pièce étroite. Vous trouverez en revanche toujours la place de poser ce porte-parapluies.

UN PLACARD À CHAUSSURES
(à gauche)

Un meuble d'entrée doit allier espaces de rangement et d'exposition.

Bien que l'entrée soit la première chose que l'on voie quand on visite une maison, c'est souvent la dernière à laquelle on pense lorsque l'on se lance dans des travaux de décoration. On a tendance à accorder la priorité aux « vraies » pièces, comme le salon ou la cuisine. Or, un hall a plusieurs fonctions, tant symboliques que pratiques : c'est une zone tampon entre l'extérieur et le reste de l'appartement, un endroit où l'on peut commencer à se laisser aller. Il doit donc être accueillant.

Commençons par la porte d'entrée. Il est en effet indispensable qu'elle donne un sentiment de sécurité pour créer une bonne impression. Ainsi, une porte avec de grandes parties vitrées laisse bien entrer la lumière. Il est en outre plus facile de voir qui est dehors, mais on a le sentiment d'être soi-même davantage exposé aux regards. Par ailleurs, si la porte consiste en fins panneaux fixés à un cadre en bois tendre, elle offrira probablement peu de résistance à d'éventuels visiteurs indésirables. Il est donc préférable de la renforcer ou mieux encore de la remplacer par une porte en bois massif. Quant aux parties vitrées, vous serez peut-être obligé de les doubler avec un vitrage feuilleté ou de les protéger par des grilles métalliques.

Une entrée étant souvent petite, elle doit toujours être bien rangée. Pendez les manteaux de façon qu'ils ne gênent pas l'ouverture de la porte ou votre passage. Une petite table ou une étagère près de la porte est pratique pour laisser des messages ou y poser les clés ou le courrier. Comme toutes les pièces, un hall a également besoin d'un point fort. Le sol étant bien souvent mis en vedette, créez des zones d'intérêt sur les murs pour compenser.

UNE ENTRÉE EN DAMIER

Un porche présente le double avantage de fournir un abri appréciable et de renforcer la sécurité. Quant au paillasson, il n'est pas en reste : il fait écran à la boue, la saleté et l'humidité. Si une pièce possède plusieurs ouvertures donnant sur l'extérieur, choisissez un revêtement de sol approprié.

Affirmer ses Choix

Comme nous passons généralement rapidement dans une entrée, une décoration et un mobilier plutôt accrocheurs semblent appropriés. Ce n'est pas nécessairement difficile à réaliser : une couleur forte pour les murs ou un miroir bien placé suffisent parfois à donner du caractère à un hall.

Dans les maisons anciennes en particulier, la cage d'escalier est souvent la pièce maîtresse de l'entrée. Elle n'a pas forcément l'allure ou la classe de celle d'un château, mais il est rare qu'elle soit vraiment inesthétique. Il vaut donc la peine de lui accorder l'importance qui lui revient, en la peignant par exemple d'une couleur qui tranche ou en choisissant un revêtement différent pour le sol. Cette dernière solution présente aussi des avantages pratiques : un escalier nu peut se révéler bruyant et dangereux s'il est bien ciré. Mieux vaut donc le couvrir d'un tapis fixe ou amovible.

Considérez aussi la vue que vous avez depuis le hall vers les autres pièces. Peignez l'entrée d'une couleur qui s'harmonise avec les espaces sur lesquels elle donne ou placez un objet à l'extrémité de la vue pour accrocher le regard. Le hall sera ainsi mieux intégré dans le reste de la maison.

Il peut se révéler nécessaire d'améliorer les proportions de la pièce, notamment si elle est étroite ou haute de plafond. Un miroir est la solution classique pour agrandir et éclairer un espace confiné.

À moins que vous n'ayez la chance d'avoir beaucoup de place traditionnelle dans votre entrée, un placard ou toute autre forme de rangement va probablement gêner le passage. Peut-être aurez-vous la place de mettre un meuble étroit ou une table, avec des étagères ou des patères au-dessus. Vous pouvez aussi allier siège et rangement en optant pour un coffre étroit. Si vous ajoutez à cela une série de photos, un joli miroir ou une petite collection d'objets disposés sur une table, vous aurez une entrée agréablement décorée.

Enfin, n'oubliez pas que l'éclairage est de loin la façon la plus efficace d'animer votre hall. Une rangée de spots étincelants ou d'appliques à éclairage dirigé vers le haut vous invitera à poursuivre la visite de la maison, alors qu'une lampe orientable attirera plutôt l'œil vers un tableau ou un bel objet. Éclairez bien la cage d'escalier pour que l'on sache où poser les pieds !

SURFACES HORIZONTALES : DANGER !

(Ci-contre.) Le petit mobilier que vous placerez dans votre entrée ne doit pas nécessairement être timide et discret. Ici, une console toute en courbe et un miroir circulaire viennent adoucir un espace rectiligne un peu trop strict.

(À gauche.) S'il est vrai qu'il est pratique d'avoir dans le hall un endroit pour poser ses clés et autres objets personnels, il n'en est pas moins nécessaire de peser le pour et le contre, car une surface horizontale a la fâcheuse habitude d'attirer en un rien de temps tout un bric-à-brac. Un meuble haut et étroit et une série de crochets offre une ingénieuse solution au dilemme. Une série de trois cadres, avec la photocopie d'une clé agrandie plusieurs fois, donne une note amusante à l'ensemble.

(Ci-dessus.) Ici, les cadres des photos, carrés et assez massifs, contrastent agréablement avec la délicate console sur laquelle ils sont posés.

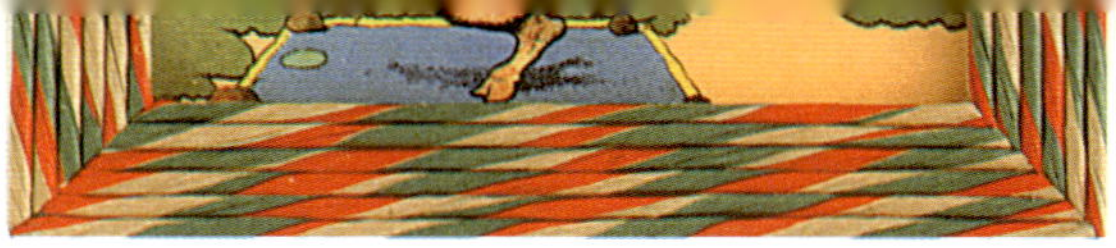

AFFICHES ET TABLEAUX

Les halls d'entrée ne devant pas être encombrés, c'est l'endroit idéal pour y accrocher affiches et tableaux. Si votre choix est d'une certaine façon très significatif, c'est essentiellement la manière de les encadrer et de les suspendre qui déterminera l'intérêt que les visiteurs y apporteront.

Le choix des affiches et des tableaux est l'un des moments les plus agréables dans l'aménagement d'une maison. Il n'y a pas de règle établie : il est facile de créer une décoration harmonieuse en choisissant un thème ou avec une série de gravures, mais une collection éclectique d'images que vous aimez beaucoup aura vraisemblablement beaucoup de succès. L'art peut prendre toutes les formes possibles et imaginables, depuis les cartes postales et les objets trouvés jusqu'à de vieux bouts de tissu. Vos œuvres préférées ne doivent pas nécessairement être suspendues de façon traditionnelle : vous pouvez simplement poser un tableau sur une étagère ou une table, ou accrocher des cartes postales avec des pinces. L'ambiance est alors moins précieuse, plus décontractée, et il est plus facile de renouveler la décoration.

Ne faites pas l'erreur d'acheter une affiche parce qu'elle va bien avec la couleur de vos murs. En revanche, si vous avez peur qu'un tableau ne convienne pas dans une pièce, choisissez un cadre qui relie l'image aux murs.

En matière de cadres aussi, tout est possible, du très ouvragé au pratiquement invisible. Ils doivent attirer l'attention sur l'image, et non l'en distraire. Une affiche colorée paraîtra ainsi encore plus gaie dans un cadre qui reprend l'une des couleurs de l'image. La simplicité d'un graphisme noir et blanc est en revanche soulignée par un sous-verre à pinces, sans baguette. Quant aux tableaux traditionnels, ils sont généralement plus lumineux avec un cadre métallique ou doré.

La taille du cadre joue aussi son rôle. La plupart des images ont besoin d'espace pour respirer : laissez donc une marge entre le tableau et le bord intérieur du cadre. C'est ce que l'on appelle le passe-partout. On choisit souvent sa couleur de façon à faire ressortir l'image. Un passe-partout important fait davantage ressortir une petite image. Il est également utile d'essayer plusieurs épaisseurs de cadre, car cela peut donner plus de force à des gravures toutes simples.

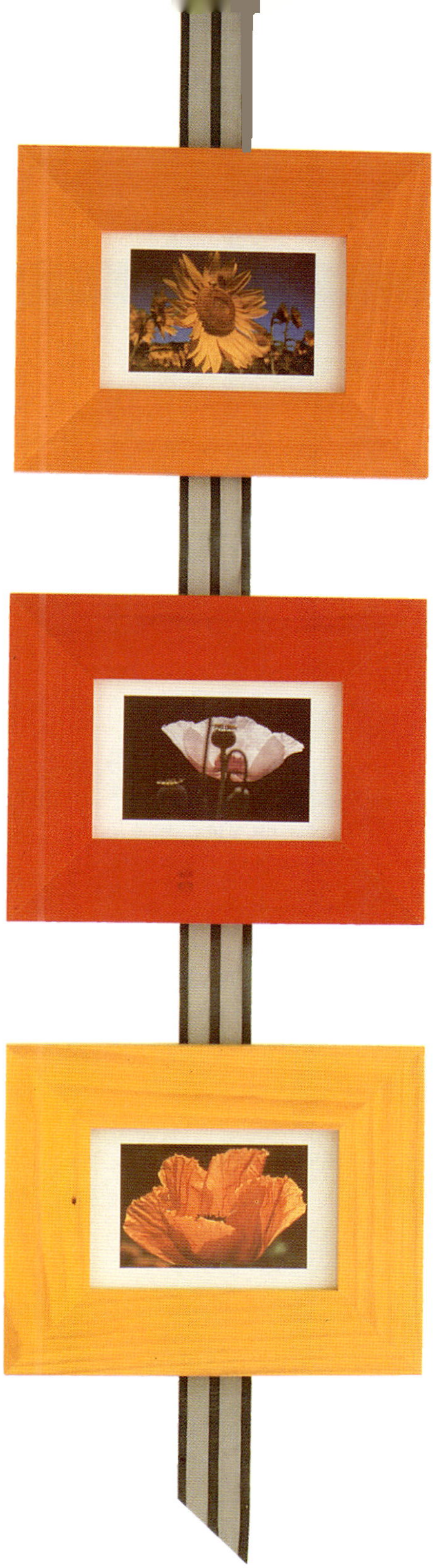

Une autre façon de mettre une affiche en valeur consiste à personnaliser le cadre. Vous pouvez par exemple enfoncer des punaises dans du bois tendre ou coller divers objets (des boutons aux brindilles) directement sur le cadre avec une colle universelle. Si vous avez la fibre manuelle, vous pouvez aussi le recouvrir de papier ou de tissu.

L'erreur la plus courante en matière de tableaux est de les éparpiller dans la pièce, de sorte que chacun a beaucoup de mal à attirer l'attention. Comme toutes les autres finitions, les cadres de petite taille ou de taille moyenne ressortent mieux lorsqu'ils sont groupés. Une série ou des paires de cadres identiques peuvent être alignés ou placés de façon symétrique. Un assortiment est en revanche plus joli s'il forme un motif asymétrique sur le mur. Dans ce cas, placez le plus grand cadre en premier et essayez toujours plusieurs dispositions en plaçant les tableaux par terre.

Veillez à ne pas accrocher les cadres trop haut, car il sera alors difficile de les voir. Les halls d'entrée étant souvent étroits, nous vous conseillons de mettre les plus grands tableaux au fond de la pièce plutôt que sur les murs latéraux.

Murs, sols et cages d'escalier

Les surfaces d'un hall d'entrée doivent être extrêmement durables. Compte tenu des déplacements constants des biens et des personnes, entre l'extérieur et l'intérieur, d'une part, et d'une pièce à l'autre, d'autre part, il serait malencontreux de choisir des revêtements de sols et de murs fragiles et délicats. En outre, cette pièce ayant souvent une forme bizarre, avec un nombre de portes impressionnant, les surfaces se doivent d'unifier l'espace.

La pluie, comme toutes les intempéries, pénètre continuellement dans la maison via la porte d'entrée. Il est donc indispensable d'avoir un grand paillasson et un sol facile à balayer ou à laver. C'est pourquoi le carrelage, les dalles de pierre, la brique et le parquet sont les revêtements idéaux.

Il est toujours possible de les couvrir d'un tapis lavable si vous trouvez le sol trop froid et trop dur ou si vous voulez ajouter une note de couleur. Un tapis assourdira en outre les pas lourds et protégera les moquettes. N'oubliez pas de mettre un antidérapant sous les tapis pour éviter les chutes accidentelles.

Si vous choisissez le même revêtement de sol pour le hall et les pièces voisines, on aura une impression de continuité. Si vous optez en revanche pour des sols différents, vous obtiendrez l'effet contraire : les pièces seront alors mieux séparées. Cette solution est souvent retenue s'il n'y a pas de porte entre l'entrée et le salon, de façon à donner à ce dernier une identité plus nette.

Dans les halls petits ou étroits, la partie basse des murs a également de grandes chances de subir de multiples agressions. Les sacs à provisions et les vélos vont régulièrement l'égratigner. Pour limiter les dégâts, vous pouvez diviser le mur horizontalement, avec un revêtement à toutes épreuves (des lambris ou un papier peint à relief par exemple) dans la partie inférieure, tandis qu'un fini meilleur marché et moins durable (de la peinture par exemple) est appliqué au-dessus. Pour masquer l'endroit où les deux revêtements se rejoignent, vous pouvez fixer une étagère étroite ou une baguette en bois. Ce type de division a en outre pour effet de faire paraître plus large un espace étroit.

Veillez, par ailleurs, à ce que la cage d'escalier ne soit pas dangereuse. Fixez une rampe d'un côté et, si besoin est, une balustrade.

Si le revêtement des marches n'est pas antidérapant, recouvrez-les de moquette ou d'un tapis d'escalier. Vous pouvez encore coller sur les marches des bandes antidérapantes adhésives.

Essayez enfin de voir si vous pouvez tirer meilleur parti de l'espace qui se trouve autour des escaliers. Peut-être est-il possible d'y aménager un bureau, une buanderie, ou encore une aire de jeux pour les enfants. Vous pouvez également installer un bon fauteuil sur un grand palier pour y créer un coin lecture.

UNE BELLE ENTRÉE EN MATIÈRE *(en bas à gauche)*

Une entrée meublée simplement transmet l'ambiance reposante du salon adjacent. Le parquet de bois utilisé dans les deux pièces donne, en outre, une forte impression d'espace.

VIVE LES BOISERIES *(en bas au centre)*

On retrouve les boiseries du couloir dans les pièces où il donne, ce qui efface les divisions entre les zones de circulation et les pièces à vivre. Il est facile de transformer une alcôve en placard, mais il est également possible d'y aménager un bureau très agréable. D'un entretien facile, les sols en ardoise ou autres dalles de pierre vieillissent bien.

DES ESCALIERS QUI SE REMARQUENT *(en bas à droite)*

Les escaliers peuvent accrocher le regard. Il a suffi ici de changer la couleur de la peinture et le revêtement de sol pour leur donner de la classe. L'ouverture du dessous d'escalier a par ailleurs permis de dégager un espace à vivre fort agréable.

BANC EN BOIS *(à droite)*

Un banc en bois, des lambris et quelques accessoires en matières naturelles, voilà qui suffit pour donner un air rustique à un hall d'entrée.

Idées de Rangement

- Il est peut-être possible d'aménager une série de placards ou d'étagères intégrés dans une grande entrée ou un couloir large. En les arrêtant un peu avant le plafond, vous conserverez les proportions de la pièce.
- Si vous avez grand besoin de rangements supplémentaires et que vous savez travailler le bois, vous pouvez envisager de placer sous les escaliers une série de placards coulissants et de tiroirs.
- Pour plus de stabilité, fixez dans la mesure du possible les porte-manteaux et porte-chapeaux au mur.
- Une série de crochets ou de patères est d'une valeur inestimable dans une entrée : vous y accrocherez clés, sacs, écharpes et autres accessoires d'extérieur. Pensez à en fixer quelques-uns assez bas pour que les enfants puissent s'en servir.
- Rangez les chaussures dans un placard ou sur une étagère assez basse pour pouvoir pendre les manteaux au-dessus.
- Ne rangez jamais de vêtements ni de chaussures mouillés dans un placard ou un tiroir.
- Vous pouvez libérer de l'espace au sol en accrochant les vélos par le guidon ou la roue avant à une barre fixée au mur. Si l'espace est très étroit, vous pouvez en suspendre un au-dessus de votre tête à l'aide d'un système de poulies. Rangez les casques et autres accessoires à proximité.
- Les tuyaux, compteurs et autres objets inesthétiques peuvent être camouflés par un placard.

3380
DOPERWT - RIJSERWT
melkoningin
POIS A RAMES
type prince albert

CHAPITRE 8

JARDINS D'HIVER

Gommez les limites entre extérieur et intérieur en créant une transition douce en matière de couleur et de texture. Mettez l'accent sur la lumière naturelle, variez les revêtements de sol, placez soigneusement quelques jarres de plantes et quelques arbustes en pot dans les coins et choisissez un mobilier léger pour souligner cette ambiance particulière.

Faites preuve de créativité : espacez les plantes, choisissez des récipients complémentaires et utilisez au mieux les coins et recoins. Nous allons maintenant vous proposer quelques idées en matière de mobilier, d'éclairage extérieur et de plantes. Ouvrez la porte et laissez entrer le soleil !

Le Lien avec l'Extérieur

Si nous gravitons instinctivement vers les fenêtres, c'est pour de bonnes raisons : nous sommes attirés par la lumière et nous sommes séduits par la promesse d'une jolie vue ou du spectacle de la rue.

Une fenêtre fait aussi entrer l'extérieur dans votre maison. Lorsque le soleil brille et que l'air est doux, les fenêtres ouvertes laissent les sons et les arômes du dehors pénétrer à l'intérieur. À d'autres moments, elles font office de protection.

Utilisez le même revêtement de sol à l'extérieur et à l'intérieur pour effacer la limite entre les deux mondes. Vous pouvez installer des bacs de plantes sur le rebord des fenêtres et meubler vos pièces avec des matériaux naturels comme le bois et le rotin.

Qui n'aime pas se reposer, lire, travailler ou manger assis près d'une fenêtre ? Toutes les fenêtres conviennent dans la mesure où le rebord est relativement bas. Les plus adaptées sont celles qui forment une sorte de baie ou d'alcôve, mais aussi celles qui sont très hautes et s'étirent vers le plafond. Même la plus petite ouverture fera l'affaire si tant est que l'on peut s'y asseoir...

Une véranda est la façon la plus théâtrale, mais aussi la plus élégante de faire entrer l'extérieur dans votre maison. Cette option, généralement assez coûteuse, doit être mise en œuvre avec soin si vous souhaitez en profiter toute l'année. En outre, pour la créer, vous serez peut-être obligé de sacrifier une partie du jardin. Voilà pour les inconvénients. Quant aux avantages de l'aménagement d'un jardin d'hiver, ils sont nombreux : il vous fera gagner de l'espace au sol, donnera une sensation de luminosité intense et changera votre perception de toutes les autres pièces de la maison.

UNE SERRE *(à gauche)*

En entourant des meubles de jardin de plantes vertes de diverses formes et de plusieurs tailles, vous obtiendrez une immense sensation de paix. La fraîcheur du sol de pierre renforce l'impression d'être encore dans un jardin.

TABLE PANORAMIQUE *(à droite)*

Il serait dommage de cacher ces superbes encadrements de fenêtres par des stores ou des rideaux. Ici, des pots de géraniums posés sur un rebord de fenêtre constituent une solution originale et colorée pour se mettre à l'abri des regards indiscrets.

RETROUVER LA BEAUTÉ DE LA NATURE

La nature est une source d'inspiration infinie, même si vous êtes au cœur d'une ville. Les matériaux et les objets qui ont été conçus pour l'extérieur apportent une beauté un peu sauvage aux espaces intérieurs, tandis que le potentiel décoratif des fruits, des légumes, des plantes vertes et des fleurs est reconnu depuis l'époque des premières natures mortes. Aujourd'hui, ces objets d'une grande beauté naturelle ont un atout supplémentaire : ils nous rappellent que nous vivons dans un monde malsain et de plus en plus artificiel.

Bien qu'il puisse être lourd, coûteux et difficile à poser, un sol en pierre ou en brique est un investissement valable à long terme, car il est chaque année plus beau et garantit plusieurs décennies d'utilisation pratiquement sans aucun entretien. Il peut se révéler plus pratique d'utiliser seulement ces matériaux sur une petite surface, comme par exemple pour une petite fontaine murale dans une serre. Outre sa valeur décorative, cet élément humidifie l'air, pour le bonheur des plantes tropicales, et charme tout le monde avec la douce musique de l'eau qui coule.

Les tissus solides comme les toiles sont aussi une façon de réussir la transition vers l'intérieur. Leur raideur inhérente en fait le matériau parfait pour confectionner des stores bateaux ou pour en recouvrir les murs. À une plus petite échelle, on s'en sert souvent pour habiller paniers, corbeilles et boîtes.

On trouve maintenant dans les pièces les plus élégantes des matériaux autrefois relégués à l'abri de jardin. Les pots et soucoupes en argile brute ne choquent plus sur une table de salle à manger, tandis que la rigidité de l'acier galvanisé, qui sert toujours à fabriquer des arrosoirs, permet d'en faire des étagères et des coffres. Même les matériaux naturels les plus humbles peuvent être transformés avec un peu d'imagination. Essayez d'enrouler et de coller du jute autour d'objets tout simples comme des cartons carrés ou cylindriques ou de l'associer à du papier d'emballage type kraft pour envelopper des cadeaux.

La solidité de bon nombre d'objets prévus pour l'extérieur les rend particulièrement intéressants pour les foyers très actifs. Les lampes tempête et autres veilleuses sont plus stables que des bougies, surtout en présence d'enfants. En outre, le verre grossit et réfléchit la lumière de façon intéressante. Une façon

classique de faire entrer le jardin dans la maison consiste à disposer quelques plantes vertes. Il en existe diverses variétés adaptées à des conditions, climats et budgets variés. C'est lorsque plusieurs pots de la même plante sont regroupés sur une surface que l'effet est le plus réussi. Ou bien lorsqu'un seul spécimen particulièrement remarquable, un topiaire ou du lierre que l'on fait pousser sur un treillis par exemple, est traité comme une sculpture à part entière. Il n'est pas nécessaire que les plantes vertes soient grandes : un groupe de jeunes plants dans une mini-serre ou des pots d'aromates sur un rebord de fenêtre ont tout autant de charme. L'essentiel est de s'en occuper : une petite plante humble, mais en bonne santé, a plus fière allure qu'un arbuste exotique mal en point.

N'oubliez pas enfin que lorsque les fleurs ne sont plus de saison, les fruits et les légumes font aussi de superbes centres de table. Au lieu de composer une coupe de fruits mélangés, préférez vous en tenir à une seule variété pour un effet plus familial, ou bien associez-la à des fleurs séchées, des gousses ou des feuillages. Des pommes et des épis de blé sont une composition classique de l'époque des moissons, tandis que des carottes d'un bel orange vif et un bouquet de lavande offrent un contraste créatif si vous les placez côte à côte dans des pots en terre cuite. Les fruits peuvent également parfumer une pièce : si des oranges piquées de clous de girofle rappellent Noël, vous pouvez aussi suspendre des tranches de pomme enfilées sur une ficelle ou laisser le soleil réchauffer des coings.

PARTIR DE ZÉRO *(page ci-contre, en haut à gauche)*

Il est facile de transporter une table de cuisine légère et des chaises pliantes dans ce patio adjacent si au dernier moment vous avez envie de prendre votre petit déjeuner dehors.

BLANC SABLE *(page ci-contre, en bas à gauche)*

Ambiance de vacances au bord de la mer avec ces tabourets en toile, ces tissus rayés et un auvent qui diffuse la lumière. Le parquet de couleur chaude rappelle un pont de bateau bien ciré et le mobilier de teinte claire paraît encore plus léger.

BANQUET EXTÉRIEUR *(page ci-contre, à droite)*

Un groupe de petites tables donne un cadre moins formel qu'une seule grande tablée. C'est en outre une solution très pratique pour recevoir en plein air. Des supports de plantes métalliques assez hauts et l'ombre d'un arbre permettent de mieux définir l'aire des repas.

COULEURS D'ÉTÉ *(ci-contre)*

Les portes-fenêtres sont un moyen élégant et néanmoins pratique pour faire le lien entre l'extérieur et l'intérieur. Du bois peint de couleur vive et des meubles en rotin illuminent toute l'année la maison en évoquant les fleurs d'été.

Vivre Dehors

Si vous avez la chance d'avoir un balcon, une terrasse ou un jardin, il est probable que tout ou partie est déjà réservé pour s'y asseoir et y manger, même si le temps ne le permet qu'un mois ou deux par an. Si vous avez des enfants, il se peut néanmoins que cet espace extérieur soit essentiellement utilisé comme aire de jeux.

Le meilleur endroit pour s'asseoir dehors est un coin ensoleillé et abrité du vent. Dans les pays chauds, ou au cours des périodes les plus chaudes de l'année sous des climats plus tempérés, vous apprécierez également l'ombre ou la mi-ombre. Les seuls éléments dont vous avez besoin sont les suivants : quelque chose pour s'asseoir et des plantes, de préférence de diverses hauteurs, de sorte qu'elles aient l'air de vous envelopper dans leurs couleurs et leurs parfums.

Une véranda ou un patio protégé par une bâche amovible sont bien sûr l'idéal. Les espaces extérieurs situés en étage, tels les balcons et les terrasses, peuvent donner l'impression d'être très exposés aux regards, mais il est facile d'y remédier avec des treilles.

Si les parties les plus ensoleillées sont loin de la maison, tant pis, installez-y néanmoins votre salon de jardin. Vous pouvez redéfinir l'espace en ajoutant un petit muret dans lequel vous aménagerez des jardinières de plantes aromatiques ou en fabriquant un paravent de fortune en tendant des panneaux de tissu entre des arbres ou des poteaux.

S'il est loin d'être agréable de manger en plein soleil, la magie peut cependant être retrouvée en un clin d'œil en ombrageant le salon de jardin. Choisissez un salon en bois, qui prendra en vieillissant une jolie teinte grise, ou optez pour un modèle vert sapin ou marine, qui se fondra bien dans le feuillage. Les meubles blancs brillent souvent de façon désagréable au soleil, mais ils sont du meilleur effet contre une haie vert foncé ou sur une terrasse toute blanche.

Les enfants considèrent souvent l'extérieur comme l'endroit où ils peuvent faire les fous. Concevez donc votre jardin ou votre patio en pensant à leurs jeux violents et salissants. L'idéal est de paver les petites cours, pour que les enfants puissent y faire du vélo et y jouer au ballon. Les surfaces dures sont également les plus adaptées à l'aménagement de bacs à sable, pour qu'il soit facile de balayer le sable qui s'en échappe. Si vous avez un jardin assez grand, installez portique de jeux et balançoires sur une pelouse. Vous pouvez aussi choisir un abri de jardin qui puisse faire également office de cabane ou de maison de jeux pour les enfants.

MAISON DE POUPÉE *(page ci-contre)*

Pour les activités d'extérieur, l'emplacement importe plus que le mobilier. Pratiquement n'importe quel siège fera l'affaire, dans la mesure où il est au soleil, à l'abri et près de la verdure.

DES PLAISIRS SIMPLES *(ci-dessus)*

S'il est toujours agréable de dîner dehors, l'expérience est ici encore plus sublime du fait de la grande table et des fauteuils de metteurs en scène sur lesquels on a attaché des coussins pour davantage de confort.

ÉCLAIRAGE EXTÉRIEUR

- Au lieu d'essayer d'éclairer de grandes zones de jardin, utilisez l'éclairage extérieur pour souligner des éléments décoratifs ou de jolis arbres, une pièce d'eau ou un salon de jardin. Pour ce faire, le plus simple est d'opter pour des spots orientables.
- Les appliques sont utiles pour assurer l'éclairage général des terrasses et patios. Les modèles qui protègent l'ampoule avec un diffuseur opaque éblouissent moins et vieillissent mieux.
- Vous pouvez aussi jouer sur l'éclairage extérieur pour faire paraître l'entrée de votre maison plus sûre et plus accueillante.
- Tous les éclairages extérieurs doivent être étanches et résister à la corrosion. Si vous prévoyez de les installer loin de la maison, veillez à enterrer suffisamment les câbles.

LE CHARME DES BOUGIES

Plus besoin d'électricité si vous éclairez votre jardin avec des lanternes, des bougies et des flambeaux.

Un Petit Espace Extérieur

DANS LES BOIS *(à gauche)*

Si vous avez la chance d'habiter dans un environnement verdoyant, il suffit d'un salon de jardin confortable pour faire de votre terrasse un paradis. Ici, des sièges aux proportions avantageuses accueilleront aussi bien ceux qui ont envie de se reposer et de se détendre que des convives affamés. Un parasol pliable peut apporter de l'ombre à tout moment et le soir, des bougies d'extérieur complètent l'éclairage fourni par l'intérieur de la maison.

PANORAMA PRIVÉ *(ci-dessus)*

Les balcons et autres espaces extérieurs collés à l'habitation attirent forcément le regard. Vous en profiterez même en restant à l'intérieur. Les volutes de bois et les meubles en rotin offrent un contraste agréable avec la rigueur du garde-corps métallique et de l'encadrement des fenêtres.

BALCONS ROMANTIQUES *(à gauche)*

Agréable ne signifie pas forcément grand : un petit balcon peut se révéler tout aussi plaisant qu'un parc. Optez alors plutôt pour des plantes grimpantes comme le chèvrefeuille qui envahissent les murs et non le sol et choisissez un mobilier qui se fond avec l'environnement : votre domaine aura l'air plus grand !

VIVE LE FARNIENTE *(ci-dessus)*

Poser un revêtement en fibres naturelles est certainement la façon la plus rapide de réchauffer un sol de pierre ou de béton. Pensez à votre confort : prévoyez assez de place pour étendre les jambes et choisissez une table assez grande pour pouvoir y poser un plateau et de la lecture.

Disposer les Plantes

PLANTATIONS SURÉLEVÉES

Un support métallique *(à gauche)*, voilà une façon élégante d'exposer ses pots de primevères. La forme longue et étroite de l'étagère est celle d'une jardinière, mais il est plus facile de remplacer des pots individuels lorsque l'heure est à une autre variété de fleurs.

Cette étagère métallique couverte de pensées orange vif égaierait le plus triste des balcons *(ci-dessous)*. Il est essentiel de créer une impression de plénitude lorsque l'on crée un « jardin en pots ». Pour y parvenir, arrosez les plantes tous les jours et engraissez-les une fois par semaine en période de croissance. Coupez les fleurs fanées, cela stimule la plante qui refleurira plus facilement.

DÉCOR MÉDITERRANÉEN *(à droite)*

Dans cette véranda ombragée, on a su recréer une ambiance méditerranéenne avec des fauteuils en rotin, des orangers, des pots de lavande et d'herbes aromatiques dans une mangeoire en plomb. La texture de la terre cuite vieillie met bien en valeur les plantes vertes. Les pots anciens sont chers, mais il est facile d'adoucir la teinte des pots neufs en les peignant avec du yaourt nature dilué ou de l'engrais liquide.

OÙ TROUVER IKEA

Il existe plus de 120 magasins IKEA de par le monde, et de nouveaux ouvrent sans cesse. Vous trouverez des magasins IKEA dans les pays suivants :

Allemagne
Arabie Saoudite
Australie
Autriche
Belgique
Canada
Danemark
Émirats arabes unis
Espagne
États-Unis
France
Hong Kong
Hongrie
Islande
Italie
Koweit
Norvège
Pays-Bas
Pologne
République Tchèque
Royaume-Uni
Singapour
Slovaquie
Suède
Suisse
Taïwan

REMERCIEMENTS

REMERCIEMENTS DE L'AUTEUR

Je tiens à remercie IKEA Royaume-Uni pour leur soutien et leur encouragement constants tout au long de ce projet. Ils ont brillamment défendu sa cause, communiqué l'esprit IKEA à l'ensemble de l'équipe et répondu à nos innombrables demandes avec un enthousiasme et une courtoisie sans faille. Je remercie également IKEA Suède pour nous avoir permis d'accéder aux archives iconographiques de la société.

Merci à Suzannah Gough et à Weidenfeld & Nicolson (Michael Dover, Richard Hussey, Jenny Manstead, Jackie Strachan et Beth Vaughn), qui ont toujours cru à notre projet et nous ont largement encouragés.

Je voudrais également remercier Nadine Bazar, qui a déniché la plupart des superbes photographies qui illustrent mon propos. Elle a un rare talent pour trouver l'image qui convient parfaitement. Merci aussi à Gareth Jones, qui nous aidés dans la recherche de photographies, et à Ian Muggeridge, expert en matière de mise en page.

Tous mes remerciements encore à Robyn Rolls, pour les rideaux et coussins, à Richard Ward, pour les meubles, à Nick Ronald de Grand Illusions à St Margarets, pour les peintures décors, à Helen Leeson, pour les travaux de capitonnage et de garniture, ainsi qu'à Claudia Dulak et Altan Omer, pour le montage du mobilier, qui ont tous travaillé à la vitesse de la lumière pendant les séances de photographie.

Merci aussi à Rosie Lakin ; Asheem, Rohney et Sitaara Parikh ; Ella Richards ; Anita et Nina Wale ; et Alkesh Woods, qui m'ont laissé piller leurs garde-robes et placards à jouets pour me fournir en accessoires. À Nicolas Miller, qui a accepté que je photographie le coin bureau très réussi qu'il a su aménager chez lui (pages 168-169). Et à Brian Copestick et John Lakin.

Mes remerciements les plus chaleureux vont enfin à tous les amis qui ont travaillé sur ce livre avec moi et m'ont soutenu dans les (nombreux !) moments difficiles. A Trevor, Fiona, Jo et Meryl : c'est grâce à vous, à votre soutien et à votre inspiration que j'ai pu mener à bien ce projet. Merci.

REMERCIEMENTS DE L'ÉDITEUR

L'éditeur aimerait remercier les sociétés et magasins suivants, qui nous ont gentiment prêté des accessoires pour les séances de photographie :

Pages 20-21 : assiette de Bill McCulloch, Rebecca Hossack, Londres W1 ; pages 34-35 : plaque et outils de cheminée, Townsends, Londres NW8 ; imprimés de Birna Matthiasdottir, Flower Graphics, Londres E8 ; accessoires en argent et bols et plats cerclés d'argent, The Kasbah, Londres WC2 ; carafes, The Dining Room Shop, Londres SW13 ; centre de table, Rebecca Hossack, Londres W1 ; page 36 télévision, Bang & Olufsen UK ; stéréo, Kenwood UK ; boîtes de rangement, Paperchase, Londres W1 ; page 37 plateau en argent, verres à thé, pots en céramique avec couvercles, boîte en bois et lanterne en fil de fer, The Kasbah, Londres WC2 ; coussins, Gore Booker, Londres W2 ; page 43 : radiateurs, Bisque, Londres NW6 ; pages 106-107 : imprimés de John Loker, Flower Graphics, Londres E8 ; tasse et sous-tasse, Cath Kidston, Londres W11 ; pages 110-111 : vêtements Factory Workers, Londres ; chapeaux de Fred Bare, Londres ; *centre :* vêtements de la ligne CHRIS, Chris Mestdagh, Belgique ; pulls de Quinton & Chadwick, Londres N1 ; page 117 *en haut à droite* : imprimé de Hiroko Imada, Flower Graphics, Londres E8 ; boîte à mouchoirs en papier, Cath Kidston, Londres W11 ; pages 140-141 : lavabo, baignoire, robinetterie et accessoires de douche, Colourwash, Londres NW10 ; carrelage du sol, Criterion Tiles, Londres NW10 ; produits pour le bain, Natural Products, Londres NW6 ; pages 160-161 : vêtements et accessoires de ski, Snow & rock, Londres W8.

Crédits Photographiques

CRÉDITS PHOTOGRAPHIQUES

L'éditeur remercie les photographes, agences et organismes qui l'ont gentiment autorisé à publier les photographies suivantes dans ce livre :

Pages 3 *bas* VT Wonen/D. Straatemeÿer ; 10 VT Wonen/Hotze Eisma ; 14-15 Belle/Simon Kenny ; 16 VT Wonen/Hotze Eisma ; 17 Dominique Vorillon ; 18 DIA Press ; 21 *haut* Hotze Eisma ; 22-23 Christopher Dugied/Marie-Claire Maison/Florence Sportes pour IKEA ; 24 Studio Verne ; 29 Belle/Simon Kenny ; 44 *en haut à gauche* Elizabeth Whiting & Associates/Tim Street-Porter, *en haut à droite* Dia Press, *en bas à gauche* Marie-Claire Maison/Tosni/Borgeaud, *en bas à droite* Marie-Claire Maison/Tosni/Borgeaud ; 45 The Interior Archive/Simon Brown ; 46 *haut* David Phelps ; 47 VT Wonen/Hotze Eisma ; 48 Peo Eriksson/Creative Director IKEA, Michael Ekblatt ; 48-9 VT Wonen/H. Zeegers ; 54 *bas* Dia Press ; 56 Studio Verne/Architectes WAWW ; 57 *gauche* Camera Press ; 60 *en bas à gauche* Dominique Vorillon/Designer Kerry Joyce, *en haut à gauche* Marie-Claire Maison/Snitt/Rozenstroch ; 61 Dreyer/Hensley ; 62 The Interior Archive/Simon Brown ; 63 VT Wonen/Hotze Eisma ; 65 *bas* VT Wonen/Hotze Eisma ; *tout en bas* VT Wonen/D. Straatemeÿer ; 68 VT Wonen/O. Polman ; 69 Studio Verne/Architectes WAWW ; 70 Christian Sarramon ; 70-71 David Livingstone ; 71 Studio Verne/Designer Carlo Seminck ; 76 Elizabeth Whiting & Associates/Tom Leighton ; 77 The Interior Archive/Simon Brown ; 80 Studio Verne/Architecte Citerio ; 81 *droite* Elizabeth Whiting & Associates/Rodney Hyett ; 82 *gauche* Christian Sarramon, *centre* Dia Press ; 83 Abode UK/Eric Thornburn ; 84 *bas* Dominique Vorillon/Architecte Tome Bosworth ; 84-85 J.B. Visual Press/Horst Neumann ; 85 The Interior Archive/Simon Brown ; 86 *bas* Lars Delsgaard ; 87 Dominique Vorillon/Architecte Dan Killory ; 92 Christian Sarramon ; 92-93 VT Wonen/D. Straatemeÿer ; 93 Paul Warchol/ Architecte Marco Pasanella ; 94 *haut* Camera Press ; *bas* Studio Verne/Architecte Vincent van Duysen ; 95 VT Wonen/H. Schuurmans ; 99 Hotze Eisma ; 100 Marie-Claire Maison/Dugied/Postic ; 101 The Interior Archive/ Simon Brown ; 102-103 Marie-Claire Maison/ Tosni/Puech ; 103 Hotze Eisma ; 105 *gauche* Ianthe Ruthven, *droite* Paul Warchol/Architectes Peter Forbes & Associates ; 114 *en haut à gauche* Marie-Claire Maison/Hussenot/Puech, *en bas à gauche* Geoffrey Frosh, *droite* Marie-Claire Maison/Tosni/Borgeaud ; 114-115 VT Wonen/D. Straatemeÿer ; 118 VT Wonen/D. Straatemeÿer ; 119 VT Wonen/Hotze Eisma ; 120 *en haut à gauche* Elizabeth Whiting & Associates/SIP/Snitt, *en bas à gauche* Camera Press/IMS : Uggla/Appeltofft ; 121 *gauche* Marie-Claire Maison/Dugied/Postic ; 125 *gauche* Studio Verne/Architecte Jo Crepain, *droite* Belle/Earl Carter ; 127 *centre* VT Wonen/D. Straatemeÿer ; 128 Marie-Claire Maison/ Chabaneix/Puech ; 130 Jerome Darblay ; 131 *gauche* Elizabeth Whiting & Associates/Neil Lorrimer, *droite* Dominique Vorillon/Architectes Jeffrey Biben et Peggy Bosley ; 133 Marie-Claire Maison/Nicolas/Postic ; 134 The Interior Archive/Simon Brown ; 134-135 Robert Harding Syndication/IPC Magazines Ltd/Tom Leighton ; 135 Jerome Darblay ; 136 J.B. Visual Press/Hannu Mannynoksa/Designer Ristomatti Ratia ; 136-137 Elizabeth Whiting & Associates/Rodney Hyett ; 137 Mark Fiennes ; 138 Arcaid/Alberto Piovano/Architecte John Winter ; 138-139VT Wonen/D. Straatemeÿer ; 139 Paul Ryan/International Interiors ; 142 Robert Harding Syndication/IPC Magazines Ltd/Jan Baldwin ; 147 Hotze Eisma ; 148 *bas* Arcaid/Julie Phipps/Architecte Tom Grodona ; 149 *gauche* Homes and Ideas © IPC Magazines, Robert Harding Syndication ; 151 Hotze Eisma ; 153 Lars Dalsgaard ; 163 The Interior Archive/Fritz von der Schulenburg (Andrew Wadsworth) ; 167 VT Wonen ; 168 Studio Verne ; 169 Ron Sutherland ; 172 Marie-Claire

Maison/Dugied/Ardouin ; 173 *droite* Elizabeth Whiting & Associates/Dennis Stone/Designer Tim Thomas ; 175 *gauche* Belle/Petrina Tinslay/Architecte Philip Diment ; 176 *haut* VT Wonen/Hotze Eisma ; 178 *en bas à gauche* Christian Sarramon ; 178 *en haut à gauche* Lars Dalsgaard ; 179 VT Wonen/D. Brandsma ; 180 Elizabeth Whiting & associates/Tom Leighton ; 181 *haut* Lanny Provo/Designer Dennis Jenkins/Table et miroir conçus par Urbanis ; 184 *gauche* Paul Warchol/Mosely residence and studio, Architrope, *droite* Andy Glass/Designer Kate Fontana ; 184 *centre* Lars Dalsgaard ; 186 VT Wonen/Hotze Eisma ; 187 *haut* The Interior Archive/Simon Brown, *centre* VT Wonen/Hotze Eisma ; 188 Marie-Claire Maison/Primois/Postic ; 192 *en haut à gauche* Abode UK/Eric Thronburn, *en bas à gauche* Marie-Claire Maison/Pataut/Puech ; 193 VT Wonen/Hotze Eisma ; 194 Dreyer/Hensley ; 195 *gauche* The Interior Archive/Fritz von der Schulenburg (Dot Spikings) ; 196 *droite* The Interior Archive/Fritz von der Schulenburg (Richard Mudditt) ; 198 *haut* Elizabeth Whiting & Associates/SIP/Waldron, *bas* Marijke Heuff (Mme L. Goossenaerts) ; 198-199 VT Wonen ; 208 The Interior Archive/Simon Brown.

Les photographies suivantes ont été reproduites avec la courtoisie d'Inter IKEA Systems B.V. 1995 :
pages 8-9 ; 12 ; 19 ; 25-27 ; 46 *bas* ; 49 ; 52-53 ; 54 *haut* 54-55 ; 57 *droite* ; 60 *en haut à droite* et *en bas à droite* ; 64 ; 66 ; 73 *centre* ; 74 ; 78-79 ; 81 *gauche* ; 82 *droite* ; 84 *haut* ; 86 *haut* ; 90-91 ; 97 ; 98 ; 111 ; 117 *en bas à droite* ; 120 *droite* ; 122-124 ; 129, 142-143 ; 146 ; 148 *haut* ; 149 *droite* ; 150 ; 162 ; 165 *haut* ; 166 ; 173 *gauche* ; 174 ; 187 *bas* ; 189 ; 192 *droite* ; 195 *droite* ; 196 *gauche* ; 197.

Les photographies suivantes ont été réalisées spécialement pour Weidenfeld & Nicolson par Trevor Richards :

Pages 2-3 *tout en haut, haut, centre* et *bas* ; 6-7 ; 11 *haut, centre* et *bas* ; 20 ; 21 *haut, centre, bas* et *tout en bas* ; 31-43 ; 50-51 ; 58-59 ; 64 ; 65 *tout en haut, haut* et *centre* ; 88-89 ; 96 ; 97 *haut, centre, bas* et *tout en bas* ; 106-110 ; 110-111 ; 112-113 ; 116 ; 117 *gauche* et *en haut à droite* ; 126 ; 127 *tout en haut, haut, bas* et *tout en bas* ; 140-141 ; 143 ; 144-145 ; 154-161 ; 164 ; 165 *haut, centre, bas* et *tout en bas* ; 168-169 courtoisie Nicolas Miller ; 170-171 ; 176 ; 177 *haut, centre, bas* et *tout en bas* ; 178 *droite* ; 181 *gauche* ; 182-183 ; 185 ; 187 *haut* et *bas* ; 190-191.

INDEX

ISBN : 2 73 242 182 0
Dépôt légal : septembre 1995
Imprimé en Italie